U0348712

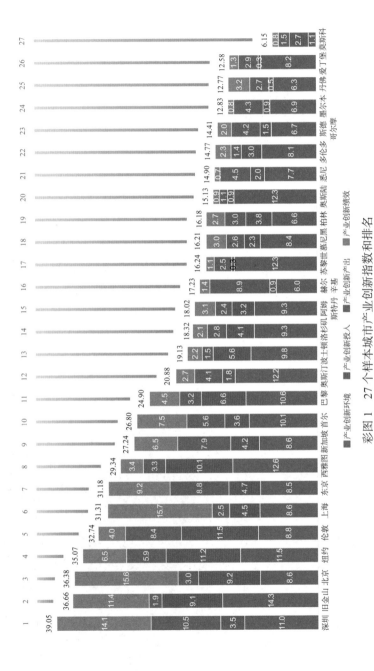

彩图 1　27 个样本城市产业创新指数和排名

注：因存在四舍五入，各项数据加总后的结果与最后结果不同。

■ 产业创新环境　　■ 产业创新投入　　■ 产业创新产出　　■ 产业创新绩效

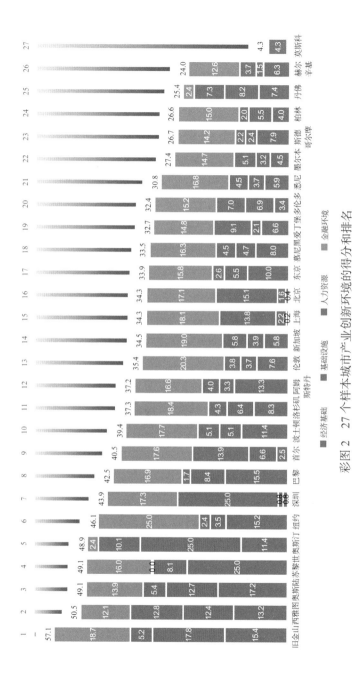

彩图 2　27 个样本城市产业创新环境的得分和排名

注：因存在四舍五入，各项数据加总后的结果与最后得分不同。

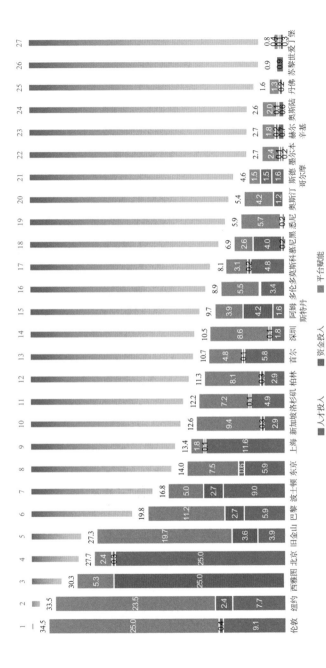

彩图3　27个样本城市产业创新投入的得分和排名

注：因存在四舍五入，各项数据加总后的结果与最后得分不同。

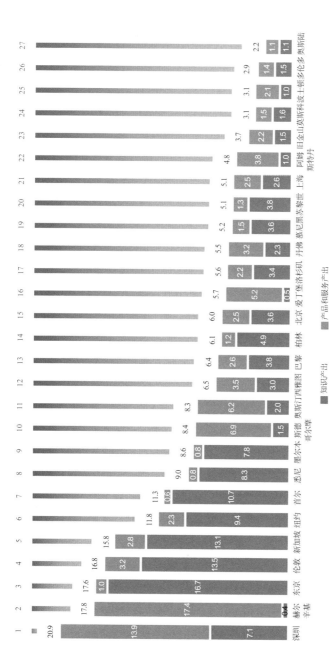

彩图 4　27 个样本城市产业创新产出的得分和排名

注：因存在四舍五入，各项数据加总后的结果与最后得分不同。

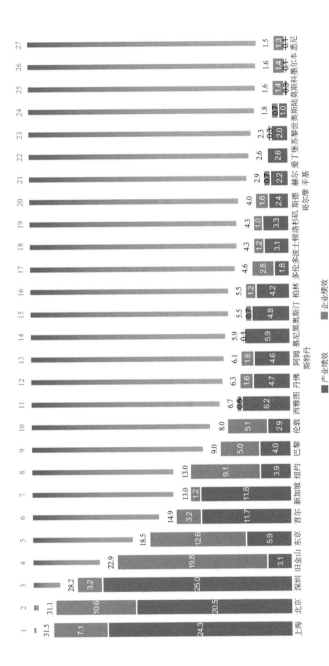

彩图 5 27 个样本城市产业创新绩效的得分和排名

注：因存在四舍五入，各项数据加总后的结果与最后得分不同。

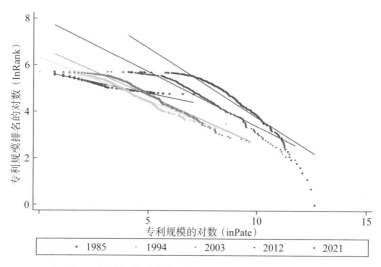

彩图 6　中国部分城市专利规模与其排名的相关关系图

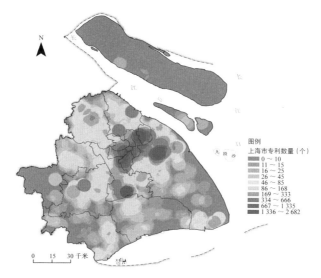

彩图 7　1985～2020 年上海市专利的核密度分布图

资料来源：作者根据 CnOpenData 中国专利引用数据（世界版）采用 ArcGIS 绘制而成。

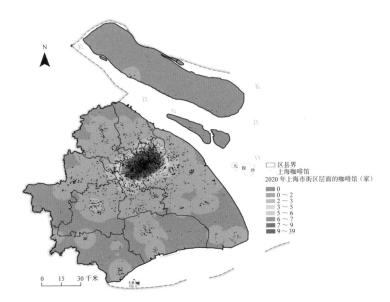

彩图 8　2020 年上海市街区层面的咖啡馆空间分布图

资料来源：作者根据高德 POI 采用 ArcGIS 绘制而成。

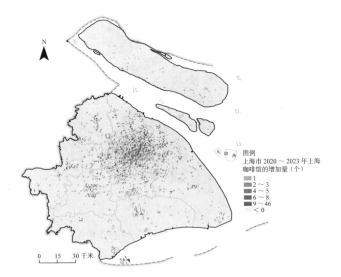

彩图 9　2020 ～ 2023 年上海市咖啡馆增量空间分布

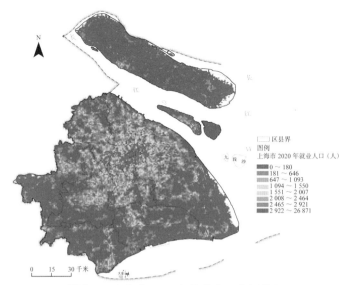

彩图 10　上海市 2020 年就业人口空间分布

彩图 11　上海市 2020 年居住人口空间分布

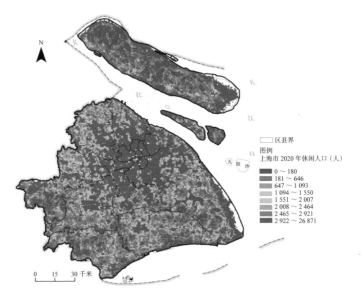

彩图 12　上海市 2020 年休闲人口空间分布

彩图 13　上海市 2020 年企业的空间分布

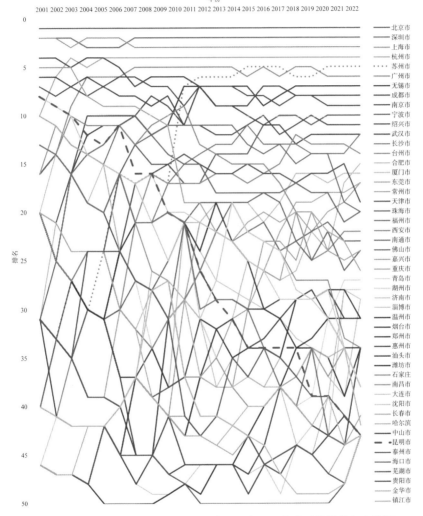

年份

彩图 14   2001 ～ 2022 年中国重要城市新兴产业上市公司数量排名变化图

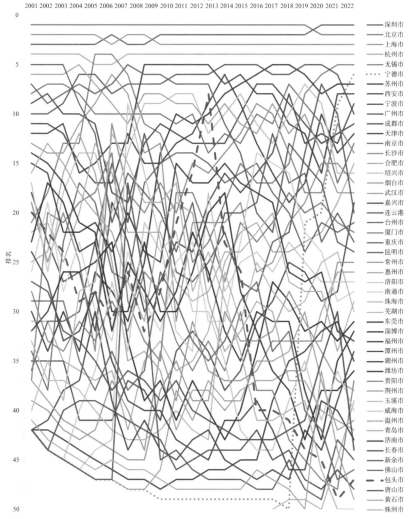

年份

彩图 15　2001 ～ 2022 年中国重要城市新兴产业上市公司市值排名变化图

上海交通大学中国发展研究院城市发展丛书

创新之城

谁在引领强城时代

陈宪 夏立军 钟世虎 等著

机械工业出版社
CHINA MACHINE PRESS

创新之城，向"新"而兴。谁在引领强城时代？如何以新质生产力推动城市的高质量发展？本书以科技创新和产业创新为视角，全方位、多角度展现了全球 27 个城市的创新画像，并立体化、多维度深度分析了中国创新第一城深圳的创新密码、创新生态与创新模式。围绕中国城市如何实现高质量发展，从创新中获得增长新动能，书中重点探讨了城市创新力之源何在，大学、资本如何激活城市的创新力，以及如何打造城市的创新空间，用品质生活把人留下来。

图书在版编目（CIP）数据

创新之城：谁在引领强城时代 / 陈宪等著 .

北京：机械工业出版社，2024. 8. ——（上海交通大学中国发展研究院城市发展丛书）. —— ISBN 978-7-111 -76341-3

Ⅰ. F299.276.53

中国国家版本馆 CIP 数据核字第 202441QP02 号

机械工业出版社（北京市百万庄大街 22 号　邮政编码 100037）
策划编辑：章集香　　　　责任编辑：章集香　牛汉原
责任校对：郑　婕　梁　静　责任印制：常天培
北京科信印刷有限公司印刷
2024 年 9 月第 1 版第 1 次印刷
147mm × 210mm · 8.5 印张 · 9 插页 · 160 千字
标准书号：ISBN 978-7-111-76341-3
定价：69.00 元

电话服务　　　　　　　　　网络服务
客服电话：010-88361066　机 工 官 网：www.cmpbook.com
　　　　　010-88379833　机 工 官 博：weibo.com/cmp1952
　　　　　010-68326294　金 书 网：www.golden-book.com
封底无防伪标均为盗版　机工教育服务网：www.cmpedu.com

城市是人类创新的摇篮，一砖一瓦都见证着社会文明的变迁和人类智慧的力量。在科技成为社会发展主题的今天，城市正站在一个全新的历史交点上。如何把握机遇、直面挑战，引领人类迈向更加美好的未来，是摆在所有城市面前的重要命题。加快发展新质生产力，发展城市创新力，将城市打造成为具有创新精神与创新内核的创新之城，已经成为解决这一重要命题的有效方式和普遍共识。

创新之城，意味着在这个城市里知识与产业形成了同频共振

知识是创新之城的灵魂，产业是创新之城的基石。城市里的科研机构、高等学府、学术平台共同探索着未知的领域（详细的内容请参见第五章）。知识的积累、传播和应用为城市产业发展提供了有力的支撑。于是，我们看到像北京、波士顿这样的学术中心快速成长为重要的新兴产业发展高地（关于这部分内容第二章中有详细的讲述）。产业结构的优化和升级也为知识的更新和创新提供了广阔的应用场景。知识与产业的这种同频共振使得城市创新成为一种文化自觉，推动着城市的进步与发展。

创新之城，意味着在这个城市里科技与生活已经深度融合

科技是创新之城的动力，生活是创新之城的归宿。从智能家居到智慧城市，从无人驾驶到远程医疗，科技不再是实验室里的高端事物，而是融入到城市生活的方方面面，科技的力量正在改变城市生活的方式和质量。街角的咖啡馆正在成为新的创新空间（详细的内容请参见第六章），以休闲式生活体验为主题的创新空间重塑了城市的空间格局和创新版图。科技与生活的深度融合使得城市创新成为一种社会体验，带给市民更多的惊喜和可能。

创新之城，意味着在这个城市里企业与资本之间正在相互赋能

企业是创新之城的身体，资本是创新之城的血液。从创业板到科创板，从独角兽到瞪羚，[⊖]企业正在成为城市创新的主体力量，企业的创新活力和动力逐步转化为所在城市的创新动力和创新活动。资本市场则为企业创新提供资金、信息

⊖ "独角兽"是美国投资界人士对市值超过 10 亿美元且成立不超过 10 年的创业企业的称呼。"瞪羚"指瞪羚企业，即创业后跨过死亡谷，以科技创新或商业模式创新为支撑进入高成长期的中小企业。

和激励（详细的内容请参见第七章）。城市中大量优质的企业也为全球资本提供了广阔的投资空间和丰富的投资机会。它们在创新之城完成了良性循环，形成"完美闭合"。企业与资本之间的相互赋能使得城市创新成为一种自然循环，带给城市完整的创新生态和创新土壤。

创新之城，意味着在这个城市里正演绎着中国与世界无缝对接的场景

创新城市是不同政治体制下城市发展的共同逻辑，也是中国与世界合作的重要窗口。从技术创新到制度创新，从创新产品到创新服务，从理论创新到场景创新，中国正在依托市场优势、人才优势和产业优势走出一条独特的创新城市路径，深圳、北京、上海已经成长为具有世界影响力的创新之城（详细的内容请参见第二章和第三章）。中国与世界的无缝对接，证明创新是全球对话的共同语言，为全球城市交流与合作提供了基础和铺垫。

本书是上海交通大学中国发展研究院关于城市主题研究的最新成果，以下是创作团队人员的分工。

第一章：陆铭。

第二章：陈宪、戴跃华、李琦、杜潇宇、李泽辉。

第三章：陈宪。

第四章：钟世虎。

第五章：许宏伟、彭冲。

第六章：彭冲、王旭阳、岑燕、冯永恒。

第七章：夏立军、俞俊利、王泰、林欢、臧蓉、胡鹏波、宋怡宁、骆元灏。

当前，变幻莫测的国际形势带来国家间的相互博弈，国与国之间的竞争从某种程度上来讲是大城与强城之间的竞争。总的来说，创新是提高城市竞争力、解决城市问题、促进城市可持续发展的最终依托。创新之城，正在引领下一个强城时代。

目录
CONTENTS

前　言

1

第一章

何为"创新之城"

—

创新是各种想法的化学反应，而城市就是这个化学反应的反应场。

先讲一个寻常的小故事。

2023 年的暑期，我受腾讯旗下"青腾"项目的邀请，为他们的学员授课。授课地点位于中心城区的一处产业园里，这所产业园以前是一处厂房。授课前空闲时，我随手翻了翻授课场所内的藏书，偶然间看到一本名为《中国历史的空间结构》的书。我主要是研究区域和城市有关内容的，这本从历史视角展开对空间研究的图书，吸引了我的注意。

我下单买了一本《中国历史的空间结构》。收到书之后，我打开一看，它果然非常有趣。作者鲁西奇署名单位是武汉大学，随着阅读的深入，我产生了与鲁老师联系的冲动。几经辗转，武汉大学的朋友告诉我，鲁老师已经调到复旦大学了。于是我又通过复旦大学的朋友联系他，很快我就和鲁老师成为微信好友，而且我们互赠了彼此的图书，相约有机会见面做深入交流。

其实，在这个寻常的生活场景里，已经蕴含着城市和创新之间的很多重联系。稍后我们再回过头来详谈这个小故事。

先言归正传。当前以人均 GDP 计算，我们即将进入高收入国家行列。传统的那种依赖生产要素积累的增长方式已经不再具有可持续的动力了，创新必然会成为推动下一轮中国经济增长的新动能。那么创新是如何发生的呢？它与城市之间又有什么关系呢？每一个城市都希望自己能够推动创新，成为时代的先锋，而它那些推动发展的创新又能否成功呢？在回答这些问题之前，我们有必要先对创新的几个特质做一下简单的梳理。

创新的特质

1. 创新具有未知性

创新的未知性是不言而喻的。

在经济发展的早期，经济增长的动力可以来自学习和模仿。早期中国经济的腾飞，也得益于我们学习了大量国际上的先进技术。但是到了新的发展阶段，中国经济发展的水平越高，我们在很多方面就越接近于国际前沿，此时我们就越需要通过创新来实现经济的可持续增长。

但是，未知性往往意味着不确定性，没有人知道接下来的创新会往哪个方向走。可能人们知道人工智能、生物医药、新材料是创新的大方向，但是却不能预知创新的具体方向和路径。尤其是在技术加速迭代的当今世界，我们都不能预知 10 年以后会发生什么。借用一句最近很流行的话，10 年以后人类使用的技术，或许今天还没有出现。

2022 年，从 GPT-3.5 开始，大语言模型在全球大热。从 GPT 发展的时间轴来看，2019 年模型开始出圈，它从自然语言处理领域扩展到了多模态（图形、声音等）和推理等领域，并深入到了方方面面，引起了人们的广泛关注。

2019 年之前，Transformer 架构还是泾渭分明的，只局限在自然语言处理领域，如各语种之间的翻译，那时 Transformer 架构还没有涉及多模态和推理等方面的内容。近年来，大语言模型的强大能力和对多领域的重塑能力都是人们事先没有预料到的。

从事相关领域工作的朋友告诉我，"以前 AI 领域是泾渭分明的，语言就是语言，图像就是图像，模式识别就是模式识别，模型架构一般只用在特定的领域，Transformer 架构在 2019 年之前也只是语言模型的一个结构，对于它的使用也仅仅局限在语言领域（例如翻译、分类等），没有人想到它在不同的领域也能大放异彩。直到 GPT-2 加入了很多模型参数之后，大家突然发现在其他领域中也可以运用 GPT，虽然关于 GPT 的使用还有很多未知的问题，但它确实具有偶然性，是一种带有偶然性的创新"。也恰恰因为创新的未知性，OpenAI 的两位研究员写了一本书，这本书的书名很好地概括了全书的内容——《为什么伟大不能被计划：对创意、创新和创造的自由探索》（后简称为《为什么伟大不能被计划》）。⊖

2. 创新具有累积性

知识是一种特殊的资源。有的资源可能用一点就减少一

⊖ 斯坦利，雷曼 . 为什么伟大不能被计划：对创意、创新和创造的自由探索 [M]. 彭相珍，译 . 北京：中译出版社，2023.

点，或者说随着使用量的增加，资源的边际回报率会有所下降。相比之下，知识这种资源却具有累积性，它不会越用越少，只会越用越多。而且随着知识的增加，不同知识的组合也会呈指数型增长。知识这种独特的资源可以克服其他资源随着使用量增加而边际回报率下降的不利情况，能不断产生创新和新的突破。

对于人类来说，知识是具有累积性的，但同时知识又是有一定壁垒的。知识的传播是有成本的，而且有很多知识并不是显性的，而是隐性的，它是只可意会、不可言传的，或者说即便可以言传，但也受到知识产权的保护。所以，无论对于一个国家、一个城市还是一个个体，通过不断学习（特别是干中学）来增加知识，对于创新来说都尤为重要。

创新的累积性，意味着在城市发展的层面上，一个城市的创新几乎是不可能突发的。举例来看，无人机产业并不是在任何城市、任何地方都能发展起来的，深圳是个例外。

在调研中，上海对外经贸大学李辉文教授告诉了我一个深圳无人机产业发展的故事。

香港曾经想引进无人机产业，但很难，因为发展无人机产业的基础可能只有深圳才有。生产无人机螺旋桨的材料需要满足几个基本条件：足够硬，足够轻，还要有足够的韧性。制作螺旋桨最好的材料是一种特殊的碳纤维。目前，在中国的城市中只有深圳才具有发展无人机产业的基础。

这是为什么呢？因为深圳之前能为专业的运动员生产高

质量的羽毛球拍,而羽毛球拍用的材料就是优质的碳纤维。再往前追溯,深圳之所以能够用碳纤维做羽毛球拍,是因为碳纤维这种材料以前是用来做钓鱼竿的,深圳恰恰具有生产钓鱼竿的优势。从钓鱼竿到羽毛球拍,最后迭代出无人机用的碳纤维材料。由此可见,创新是需要积累的,同样,一个产业能在一个城市兴起也是需要城市有一定的产业积淀的。

类似的例子还有很多。例如,吉利汽车在生产汽车之前是生产摩托车的,而在这之前,创立于 1986 年的吉利公司,最初只是一家小型机械加工厂。然而,它很快就开始涉足汽车零部件制造,从中积累了技术和经验,为公司后来的发展转型奠定了基础。

3. 创新具有偶然性

因为知识的累积和创新大部分是基于历史的,这就使得创新会产生某种"路径依赖性"。其实,还有另外一种力量不可忽视,那就是创新的偶然性,它使创新的路径在时间的维度上和知识积累的方向上都可能产生某种突变。

有关创新偶然性的例子,不胜枚举。

贝尔之所以能够发明电话,就源自在实验中他偶然发现了一个原理,即电流导通和停止的时候,螺旋形的线圈能够发出噪声,而这预示着,如果能够使电流的变化模拟出声波的变化,电流就能传递声音。

石墨烯是能够证明创新具有偶然性的另外一个例子。

石墨烯这种先进的材料在电子信息、节能环保、生物医药、纺织、化工、航空航天等领域都有很广泛的应用前景。这个神奇材料的发展要追溯到 2004 年。英国的两位科研人员安德烈·海姆和康斯坦丁·诺沃肖洛夫，他们采用了一种"土"办法从石墨中剥离出了单层石墨烯。当时，海姆买了一大块高定向热解石墨，让他的一位博士生用一台非常高级的抛光机，制作出尽可能薄的薄膜。三个星期过后，这位博士生拿着一个培养皿告诉海姆说做好了。海姆观察培养皿底部的石墨斑，发现那足有 10 微米⊖厚，相当于 1 000 层石墨烯的厚度。海姆问能不能磨得再薄一些？但在当时要把石墨磨到原子量级，难于登天！于是这位博士生甩手不干了。

海姆只得自己上手，他看见学生在磨石墨时先用透明胶带贴在石墨表面，就问学生为什么这么做，学生回答胶带可以把表面一层脏的石墨撕下来，这样他们就可以用干净的表面。海姆思路打开，他把撕过石墨表面的胶带放在显微镜下观察，意外地发现胶带上的石墨厚度比之前博士生辛苦磨出来的石墨片要薄得多，有些甚至只有几十个原子层厚。

石墨可以按层剥离，因此粘过石墨的透明胶带上附着了石墨层。海姆把胶带对折后，粘一下再拉开，这样，胶带两端都粘有石墨层，石墨层又变薄了。如此反复多次，胶带上的石墨层薄到只有一个碳原子的厚度时，石墨层也就变成了石墨烯。通过胶带的反复粘连、撕开，一项伟大的发现就此

⊖ 1 微米相当于 1 米的一百万分之一。

诞生了，海姆和诺沃肖洛夫也因此获得了 2010 年的诺贝尔物理学奖。[○]

在应用层面的创新不仅带有累积性，也带有偶然性。《为什么伟大不能被计划》一书中举了大量的例子来说明，今天我们所使用的大量创新成果，在被开发出来的时候，根本不是原来所设想的那个用途。

例如，莱特兄弟发明飞机最早采用的技术源自自行车的技术——此前无数人曾想要发明飞机，谁也没想到首先飞上天的是"自行车"制造商；微波技术本来是用于驱动雷达磁控管的一个部件，却意外成就了微波炉；第一台电子计算机用的是电子管，但电子管根本就不是为了计算机而发明的。

公司的发展也具有偶然性。

YouTube 的创始人最初的设想是将 YouTube 开发成一个视频约会网站，后来却发现人们喜欢在 YouTube 上分享五花八门的视频。无独有偶，在关于小红书的访谈中，我了解到其创始人最初只是想建立一个分享生活的平台，但小红书自然而且意外地成长为一个可以从事电商的平台。

当今世界，由于创新的复杂性越来越高，往往很难由一个人独立完成。很多的创新都是由团队开展的，有些创新甚至是通过跨界开展的，而具有不同知识的个体之间的交叉合作也具有偶然性。

○ 内容改写自马文方的文章《石墨烯：透明胶带成就的诺贝尔奖》，《中国计算机报》，2010-10-25（030）。

以我自己的亲身经历来举例，近些年我的团队在和位于上海的"评驾科技"进行交通大数据合作项目。这个合作项目在几年前开始时，源于我的一位大学同学。当时我的这位大学同学在帮助"评驾科技"做一些会计工作。而我的团队成员郑怡林正好刚刚入学，正在寻找其博士选题方向，而她在上海的家恰好离"评驾科技"不远，这使得她频繁地去"评驾科技"进行数据处理成为一种可能。在我们的数据处理和研究即将产生成果的时候，正好上海对外经贸大学的李辉文和冯皓在研究城市的韧性，而车流大数据能够很好地反映一个城市的经济活动及其变化，于是一项新的研究又在新的团队组合里推进了。

类似的故事还有很多，我们的团队和上海市城管的数据合作源自我们中间的一位企业家，他在上海交通大学听过我的课，而他的企业帮助上海市城管做过信息系统。我们的团队和淘宝天猫的合作也同样具有偶然性，他们的一位负责人是我教的 DBA（工商管理博士）的学员……⊖

4. 创新具有集聚性

恰恰因为不同知识的个体相互交叉合作具有偶然性，所以城市作为人和人之间见面的场所，就增加了这种偶然性发

⊖ 需要解释一下的是，虽然我在上海交通大学安泰经济与管理学院讲授中国宏观经济学的课程，但每一年，我只教 4 个班，而上海交通大学安泰经济与管理学院每年的各种学历课程班至少有几十个，这里面还不包括非学历课程班。由此可见，即使是师生之间，相遇、相识到合作，也具有极大的偶然性。

生的概率。相对于小城市来说，大城市的创新人群更多，人的多元化和与之相关的知识的多元化也更为丰富。这就使从事创新活动的人群更加愿意集聚在大城市，享受来自其他创新群体的知识外溢，同时也增加与其他人发生知识的化学反应的概率。也正因为如此，总体上来看，一个国家的创新活动是高度集中在少数几个大城市的。以专利发明为例，一些大城市在专利上所占有的份额往往超过它在所在国家的人口中所占的份额，这部分的内容我们在本书第四章中将会进行详细的讨论。

大城市不仅拥有丰富的人才集聚，而且不同领域的人，其知识结构差异也较大，容易在集聚中产生意想不到的化学效应。

多年以来，我一直在跟踪一家位于上海的企业——悦管家。这家企业表面上是从事家政服务的平台企业，但最近，这家企业却产生了突然的"化学反应"。

2022年8月，悦管家的联席董事长张大瑞突发奇想，聘请陆颖如女士加入悦管家担任总经理（陆颖如曾服务于欧洲最大的传媒集团鲍尔传媒中国公司15年）。张大瑞解释说："经营女性期刊和经营家政服务一样，形异而神似。"

经营期刊，把内容卖给读者是第一次销售，把读者"卖给"品牌是第二次销售。因此，期刊的营业收入拥有发行和广告两条腿。悦管家原来只有面向家庭的第一次服务，面向品牌公司的第二次服务能否建立，是公司下一个10年发展成败的关键。入户，是非常精准、宝贵的渠道资源。为此，他们做了很多尝试，直至 2023 年的 618，悦管家与第一个家庭清洁品牌合作，双方联合开展促销活动。接下来，在 2023 年年终大促时，悦管家将推广品类从清洁产品扩大到宠物用品。后来，它们计划与更多品牌公司在家纺、香氛、饮料等方面开展合作。

悦管家的目标是把家政阿姨的"入户服务特权"变现，让品牌更贴近消费者，让家政公司渠道变现，让广告收入反哺家政，从而实现服务者收入的提高。一家主营家政服务的平台科技企业，正在入户的广告和渠道方向华丽升级。

不仅城市和城市之间呈现出创新的集聚性，即便是在城市内部，创新也呈现出高度的集聚性。知识的交流是需要面对面进行的，尤其是大量的隐性知识，它们通常无法通过书面的形式传达。尽管信息科技使人们可以打电话，甚至视频通话，但知识的交流和互动（尤其是涉及多人的交流和互动）仍然是在线下的面对面交流中更为有效。企业和个人在空间上相互接近，能够极大地促进创新的发生。从这个方面来讲，即使在城市内部，创新也是高度集中在少数空间范围内的。具体来说，在一个城市内部，一些创新成果比较集中的街区的专利所占的比重，也往往超过它在该区人口中所占的比重。

有趣的是，创新并不一定是在实验室和办公室中完成的。

创新需要人和人之间的见面交流，而见面交流往往是在城市的"第三空间"里进行的。"第三空间"通常是指工作和居住之外的其他公共空间，其中最具有代表性的"第三空间"就是咖啡馆。现在人们在咖啡馆里并不只是为了喝咖啡，更多的是为了相互交流与沟通。尤其是在大学、科技园这样的场所，咖啡馆甚至饭店都更加是人们相互交流的重要场所。很多具有创意类型的创新，往往都是在边喝咖啡边聊天的过程中谈出来的，而办公室和实验室往往是在之后把创意、想法付诸实践的场所，关于这部分的内容，我们将在本书第六章中进行详细的阐述。

谈到这里，我们再提一下数字技术和线上经济对创新和城市的影响。

从直接的观察来看，数字经济似乎让空间变得不那么重要了。人们可以借助线上的视频会议软件跨越空间进行交流。这很容易让人认为，线上空间已经对线下空间产生了一定的取代。我并不否认，从局部来看或者从特定的事例来看，线上的确有对线下的替代，但是人们通常容易忽略线上和线下互补的一面。换句话来讲，恰恰是因为线上技术的产生，使得线下集聚的好处被放大了。

以我们在大学里从事研究的人为例，由于发达的线上技术，我本人的研究合作者的确有生活在其他城市甚至是其他国家的，但是在更多的合作机会里，我的合作者仍然主要集中在上海。我们虽然也经常通过腾讯会议来进行学术讨论，但是每到关键环节，我们仍然需要在线下进行密集的讨论。

在学术界，疫情期间大家曾经更多使用线上技术来召开学术会议，而疫情结束之后，学术会议又大多都回到了线下，大量线下会议不再开设线上会场。有时线上参会仅仅被用于个别学者的报告，而且这些报告都由一个人讲，很难有互动，仅仅作为线下会议的补充。

讲完创新的这几个特质，回过头再来看我自己和鲁西奇老师的交往，我们的交往过程就印证了创新和城市之间的这几种关系。

我和鲁老师的书相遇完全是偶然的。在大城市里，丰富的经济活动、各种各样的人群和知识结构，使得这种偶然的相遇更容易产生。有意思的是，鲁老师原来在武汉工作，现在来到了上海，这两个地方都是大城市。我们都在各自的领域里做了一些具有累积性的工作，不知道在未来我们的知识能不能产生一些现在无法预知的化学反应。到目前为止，我和鲁老师的交往都是通过线上的技术实现的。我们主要通过微信联系，但我仍然非常期待在我读完、学完鲁老师的书之后，能够在线下当面向鲁老师讨教他正在进行的研究以及思考的问题。而这些讨论内容显然是在他已经出版的书之后，从某些方面来讲，这更加代表着创新的前沿性。

用品质生活把人留下来

讲完对创新的理解以及创新和城市之间的关系，那么这些关于城市的话题对于我们的公共政策又具有什么启示呢？这里我主要想谈以下两点个人的思考。

第一点思考，我们应该客观冷静地看待政府在推动经济发展上的作用。

在中国经济发展的过程中，没有人能忽视政府的作用。政府推动经济发展的作用在不同的发展阶段也在不断地发生变化。在经济发展的早期，经济的发展需要大规模的投资，尤其是在基础设施建设方面的投资。这时，政府的作用显然是十分重要的。

在产业政策方面，中国曾处于后发者的地位，有太多国际先进的知识、技术和管理经验需要学习。这时，政府可以定向定点地鼓励一些重点产业的发展，并且为这些产业提供税收优惠、补贴以及资金支持。在空间上，可以提供产业园的建设等来推进创新的集聚。在人才储备上，可以加大对大学的建设和技术人员的培养，加大对科研院所的激励创新，加强创新成果向实体经济的转化。关于这部分的内容，我们将在本书第五章中进行详细的阐述。

随着经济的不断发展，我们在很多领域的发展水平已经越来越接近于国际前沿，甚至在有些领域（如数字经济、新能源汽车）等已经处于国际前沿，创新的难度越来越大，未知性和不确定性也越来越强，此时我们必须要更多地激发民间和市场的创造力。在这种情况下，政策的重点更应该聚焦在需要国家大量投资且尚无市场回报的那些领域，如军工领域。同时，政府应该在一般的创新领域有所不为，转而为更广泛的市场主体打造创新的环境，例如，应该在提供资源（例如数据）、保护产权（包括知识产权）、强化政策稳定性和稳定市场预期这些方向发力。

第二点思考，我们应该客观冷静地看待地方政府在推动创新中的作用。

正如前文所说，创新具有高度的集聚性。尤其是代表一个国家产业前沿的创新，更加高度集中在少数科技力量集聚、企业集聚的中心城市及周围。因此，中小城市的地方政府要摆脱盲目推动创新的行为习惯，避免不当的重复建设。

希望通过政府的干预来推动创新在空间上的分散化，表面上看有利于中小城市的发展，却可能不太利于整个国家在空间上"集中力量"办大事。当然，对于一些并不需要集聚在中心城市的创新活动（如军工）和依赖特定地区资源（如中国西南地区的生物物种多样性和西北地区的太阳能和风能）的创新则另当别论。

一段时间以来，围绕着地方政府推动创新的话题，"合肥模式"成为一个热点。合肥的成功是有目共睹的，无须否认，但合肥的成功是不是等同于"合肥模式"呢？是不是等同于地方政府推动创新的模式是成功的呢？对此我们需要进行客观冷静的思考。

合肥的成功有历史方面的因素，因为合肥在历史上曾经偶然地"接纳了"中国科学技术大学。今天合肥的一些产业发展正得益于这个几十年前的决策。同时，合肥的成功也有地理方面的因素，合肥地处长三角城市群，能够与长三角的其他城市产生良好的互动，享受接近长三角人口规模巨大的市场的优势。基于以上两点，合肥的招商引资和高科技产业的成长就有了保证。

但是，如果离开合肥的历史和地理条件，简单地把合肥的成功一般化为地方政府推动创新模式的成功，可能就有失偏颇了。在中国，通过地方政府推动创新的例子比比皆是，通过优惠税率和土地价格来招商引资的城市也并不少见，但像合肥这样成功的却寥寥无几。由此可见，我们很难将合肥这个城市的经验一般化为地方政府招商引资和推动创新的成功模式。

在新的发展阶段，政府对产业的推动作用应越来越转向普惠式的政策。

由于创新的未知性和不确定性，政府通过前置的产业政策来推动创新似乎越来越难，尤其是有特定行业和企业指向的产业政策可能实施起来更加困难。有的时候还容易产生产业政策事后没有回报，甚至出现个别企业骗取补助的现象，因此各地政府要转变以往的行为习惯，日益转向普惠式的政策。除了对创新者进行事后的奖励这一容易想到的普惠式政策，还有一个容易被忽略的普惠式政策就是要改善城市的生活品质，以消费尤其是服务消费的质量和多样性来吸引人留下来。

　　　　　　　　　　　创新之城：谁在引领强城时代

劳动者在不同地区之间选择居住地的时候，会综合考虑收益和成本，因此一个地方如果将生活成本（特别是服务价格和住房价格）保持在一个可负担的水平，服务的质量更好、多样性更强，那么就能吸引更多的人到此居住。如果一个地方的综合生活质量更高，那么流动到这里来居住的人可能会愿意为较高的生活质量而放弃一部分收入，这实际上就构成了对所有在当地生产经营的企业（包括创业者）的补贴，而这又会进一步通过经济发展产生劳动需求，从而吸引更多的人在这个地方集聚。这就是我在《向心城市：迈向未来的活力、宜居与和谐》（后称《向心城市》）中所谈到的"用生活留人"的道理。而"用生活留人"实际上就是一种普惠式的产业政策（陆铭，2022）。

2023 年 8 月，就在我们写作《创新之城：谁在引领强城时代》的过程中，佛山市的桂城街道联系到我，邀请我去参加他们的一个活动，进行一场现场分享。一开始，我很疑惑，不知道我能就街道经济[⊖]谈些什么，而联系我的工作人员对我说："陆老师您一定要来，因为我们现在正在进行的事情就是您在《向心城市》那本书中写的内容。"

后来，我实地进行调研后才了解到，桂城街道提出要打造"好看、好吃、好玩、好安心、好赚钱"的"五好"活力

⊖ 需要解释一下，佛山市的街道如果在其他城市，其体量相当于一个区。以桂城街道为例，它的辖区总面积 84.16 平方千米，桂城街道常住人口约 80 万。

城市生活。

桂城街道通过发挥佛山 DRG 电子竞技俱乐部等电竞企业的集聚效应，打造专属年轻人的电竞之城。它们建设新演艺空间，培育新演艺业态，打造青年新演艺集聚区。桂城街道通过龙船漂移等提升城市的休闲文化产业品位，加强与传统文化的结合。这些看上去似乎与创新没有直接的关系，但在我看来，桂城街道应该是真正地悟透了一个城市在新的发展阶段应该如何推进创新。

再次重提那个重要的观点：改善城市生活品质，把人留下来，尤其是年轻人。至于创新究竟应该怎么做？可能企业自身有时候有更为清晰的思路。

以上，就是我对"创新之城"的理解。

第二章

从"产业创新"
到"创新之城"

—

每个城市的经济基础和创新活动都离不开产业发展的支持。然而，在当前反映创新的各项排名和指标中，科技创新通常会受到更多的关注，产业创新却常常被忽视。创新过程往往也比创新结果更容易受到人们的重视。

为了弥补这方面的欠缺，上海交通大学深圳行业研究院和上海交通大学中国发展研究院联手编撰发布《全球城市产业创新指数报告》，以反映不同城市产业创新水平。

我们选取全球 27 个知名创新型城市作为研究对象，专注于这些城市的产业创新，从多个角度对每个城市的产业创新能力进行全面评价，从而反映和比较全球重点城市的竞争力及其创新的可持续性。通过《全球城市产业创新指数报告》，我们能够全面了解不同城市在产业创新方面的表现，据此提出有效的产业创新政策，从而推动城市经济实现可持续、高质量发展。

《全球城市产业创新指数报告》的研究结果显示：深圳、旧金山、北京、纽约和伦敦是全球产业创新能力最强的 5 个城市。深圳以 39.05 分居于首位，其产业创新产出表现尤为出色。紧随其后的是旧金山、北京、纽约和伦敦，每个城市都在不同领域展现出强劲的优势：旧金山的优势在于创新环境方面，北京的优势在于创新绩效方面，而纽约和伦敦的优势则在于创新投入方面。

在详细讲述全球产业创新最强之城前，我们先来深入了解一下什么是"产业创新"。

一般来讲，产业创新是指在某个行业或领域引入新的理念、技术、产品、服务或商业模式，以提高生产效率、降低成本、增加市场份额或创造全新市场的过程。这一过程可以从狭义和广义两方面来看。

狭义的产业创新主要侧重于技术创新，通过不同创新主体之间的合作，实现新技术的发明及其在产业中的应用。技术创新能够带来产业的巨大进步和企业竞争力的显著提升。

广义的产业创新不仅包括技术方面的创新，还包括制度、组织、环境等方面的创新。政府、企业等产业创新主体通过制度改革、技术进步、组织优化、环境改善以及不同形式的创新组合，充分利用社会资源和能力，来培育新兴产业，提高现有产业在特定区域的领先地位，甚至实现产业发展质的飞跃。

众所周知，硅谷所在的圣何塞是一座著名的产业创新城市，位于美国加利福尼亚州的旧金山湾区，被誉为全球科技创新和产出创新的中心，它成为世界上许多科技公司和初创企业的所在地。硅谷的发展始于20世纪50年代末60年代初，当时斯坦福大学的教授和学生开始在当地创办科技企业，吸引了一批优秀的科学家、工程师和企业家。硅谷的发展得益于丰富的人才资源和高等教育机构的支持，它们逐渐在硅谷形成了一个创新生态系统。

产业创新的主体是企业，它们是产业创新的基本单元。为了实现产业创新，企业需要整合各种资源，如知识、技术、资本、政策、管理和平台等。在产业创新的运行机理方面，企业之间以及企业与其他相关主体之间的信息交流、知识共享与传播、人才流动、设施共享等活动，都能够促进产业内企业的技术创新、组织创新和管理创新。

硅谷能成为著名的产业创新城市，在于它具有以下三方面得天独厚的优势。

首先，硅谷聚集了斯坦福大学和加利福尼亚大学伯克利分校等世界一流的大学，高等教育资源为硅谷提供了丰富的高素质人才和科研资源，并吸引了全球最优秀的学生和研究者。

其次，硅谷集聚了大量的科研机构、实验室和技术中心，它们都有力地推动着前沿科技的不断涌现。硅谷的科研成果为企业的技术创新提供了坚实的基础。同时硅谷还吸引了大量的风险投资，这使初创企业能够获得资金的支持，从而加速其新技术和创意的推进。

最后，硅谷的企业和科研机构之间形成了紧密的协作网络，共同促进技术和知识的交流。

以上因素的共同作用，使得硅谷成为全球科技巨头（如谷歌、苹果、Facebook⊖等）的总部所在地，同时硅谷还吸引了大量的初创企业和创业者。目前，硅谷已成为全球其他城市和地区科技创业和产业创新的榜样。

产业创新具有明显的群体性和方向性特征，一个城市引

⊖ 已于 2021 年更名为 Meta。

入新的想法和技术，改善生产和服务方式，有助于实现其产业和企业的全面进步。当然产业创新也需要多方的合作和资源整合，以促进产业内部的不断创新和发展。技术创新是产业创新的核心，它可以通过产业生产链的专业化提升、产品创新链的技术融合和扩散，以及产业链上下游企业之间的交互来实现。

全球创新之城新画像

五大全球城市产业创新指数报告

目前，国内外有很多关于城市产业创新的研究，相关的反映各大城市产业创新力的报告也不少。这里，我们先简单列举分析一些引起人们广泛关注的五大全球城市产业创新指数报告，以便后文内容的阐述。

1. 世界知识产权组织的《全球创新指数报告》

由世界知识产权组织编制并发布的《全球创新指数报告》，以国家为单元，衡量一个经济体的综合创新能力，报告包含 7 个一级指标，21 个二级指标，81 个测度指标，其部分指标内容可参考表 2-1。从表 2-1 中我们可以看到，有10 项指标涉及产业创新方面，主要体现在知识和技术产出、研发投入和产业集聚发展等方面。同时，反映产业创新的关键指标包括研发投入占 GDP 比重、《专利合作条约》（Patent

Cooperation Treaty,PCT）专利申请量、高科技制造业占比、知识产权收入在贸易总额中的占比、高技术出口净额在贸易总额中的占比等。

表 2-1 《全球创新指数报告》指标体系（部分指标）

一级指标	二级指标	测度指标
制度	政治环境	政治和运行稳定性等
	监管环境	法治等
	商业环境	经营政策等
研究和开发	教育	教育支出在 GDP 中的占比等
	高等教育	高等教育入学率等
	研究和开发	全职研究人员 / 百万人口等
基础设施	信息和通信技术（ICT）	ICT 普及率等
	普通基础设施	发电量，人均千瓦时等
	生态可持续性	单位 GDP 能耗等
市场成熟度	信贷	创业和规模扩张融资等
	投资	市场资本总额在 GDP 中的占比等
	贸易、竞争和市场规模	适用税率加权平均百分比等
商业成熟度	知识工作者	知识密集型就业者占比等
	创新联结	产业集群发展情况等
	知识吸收	知识产权支付在贸易总额中的占比等
知识和技术产出	知识创新	国内专利申请量 / 十亿美元衡量的购买力平价 GDP 等
	知识影响	劳动生产率增速等
	知识转移	知识产权输入占总贸易比重等
创意产出	无形资产	无形资产最高的前 15 家企业的无形资产占公司市值的平均值等
	创意产品和服务	文化创意服务出口价值占总出口额比重等
	网络创意	15 ～ 69 岁人口中，每千人拥有的通用顶级域数量等

资料来源：2023 年世界知识产权组织《全球创新指数》。

在 2023 年的《全球创新指数报告》中，中国的综合排名是第 11 位，中国在知识和技术产出的单项排名相对靠前，排在第 6 位；知识创新和知识营销排在第 4 位；专利申请量、实用新型专利申请量、劳动生产率增长均排在第 1 位；知识转移排名相对靠后，但高技术出口净额在贸易总额中的占比排名相对靠前，为第 4 位。由此可见，中国在专利申请、高技术出口等方面具有比较优势。

在世界五大科技集群中，中国独占两席。东京－横滨地区依然是全球最大的科技集群。例如，丰田汽车公司是全球首个汽车年销售量超过 1 000 万台的车企，也是日本最大的汽车生产商，为东京创造了卓越的汽车科技技术。深圳－香港－广州地区、北京、首尔、圣何塞－旧金山地区分列第 2 位至第 5 位。

2. 2thinknow 的《创新城市指数》

澳大利亚智库研究机构 2thinknow 的《创新城市指数》（Innovation City Index）是覆盖面最广且聚焦于创新的全球创新城市评价报告。该报告自 2007 年起每年发布，至今已涵盖 500 个基准城市的 162 个指标。这 162 个指标分为文化资产、基础设施、市场三个大类，文化资产用以测度城市创新文化的发展载体，基础设施用以测度实施创新的软硬设施，市场用以测度城市在全球市场中的实力和联系、创新的基本条件和联系、创新的沟通交流。根据该指数报告的框架，三个大类之下又分为 31 个分项。

从 2021 年发布的《创新城市指数》的排名结果来看，上海、北京、台北、深圳分别为第 15 名、第 19 名、第 23 名和第 26 名，前五名的城市为东京、波士顿、纽约、悉尼和新加坡。

3. 清华大学的"国际科技创新中心指数"

清华大学产业发展与环境治理研究中心面向全球发布"国际科技创新中心指数"。"国际科技创新中心指数"是着眼于评估全球典型城市、都市圈、城市群的创新能力与发展潜力而开发的一项重要指数。它通过科学中心、创新高地、创新生态三个维度的 32 项指标（部分指标参见表 2-2），对全球 50 个城市（都市圈）的创新能力进行评价，以反映世界创新版图变化趋势以及国内重要城市的创新表现。

从 2022 年发布的"国际科技创新中心指数"来看，在综合排名方面，北京、粤港澳大湾区、上海分别排在第 4位、第 7 位、第 14 位；在科学中心排名方面，北京、粤港澳大湾区分别排在第 6 位、第 10 位；在创新高地排名方面，北京、粤港澳大湾区、上海分别排在第 3 位、第 4 位、第 13位；在创新生态排名方面，北京、粤港澳大湾区、上海分别排在第 4 位、第 7 位、第 10 位。粤港澳大湾区各项排名均在前 10 位。同时，粤港澳大湾区在创新高地的排名相对靠前（第 4 位），这主要是因为粤港澳大湾区在技术创新能力、创新企业、新兴产业等领域的优势较为明显。

表 2-2 "国际科技创新中心指数"指标体系（部分指标）

一级指标	二级指标	测度指标
科学中心	科技人力资源	活跃科研人员数量（每百万人）等
	科研机构	世界一流大学 200 强数量等
	科学基础设施	大科学装置数量等
	知识创造	高被引论文比例等
创新高地	技术创新能力	有效发明专利存量（每百万人）等
	创新企业	研发投入 2 500 强企业数量等
	新兴产业	高技术制造业企业市值等
	经济发展水平	GDP 增速等
创新生态	开发与合作	论文合著网络中心度等
	创业支持	创业投资（VC）金额等
	公共服务	数据中心（公有云）数量等
	创新文化	专业人才流入量等

资料来源：清华大学《国际科技创新中心指数》。

4. 施普林格·自然的"自然指数 – 科研城市"

《自然》增刊"2022 年自然指数 – 科研城市"分析了全球主要城市和都市圈 2021 年在自然指数追踪的 82 种自然科学期刊中的科研产出，它更加关注自然科学领域的科研成果。科研城市及都市圈排名依据 2021 年自然指数文章贡献份额计算得出，从排名结果看，在排名前 30 位的城市中，中国有 11 个城市入选。

5. 上海经济信息中心的《全球科技创新中心评估报告》

上海经济信息中心选取全球近 200 个主要创新城市或者都市圈作为评估对象，选取基础研究、产业技术、创新经济和创新环境 4 个一级指标，共 15 项二级指标（部分指标参见

表 2-3)。指标以等权重为主，计算综合评分。

从 2022 年《全球科技创新中心评估报告》看，深圳从 2018 年的第 33 位提升至 2022 年的第 13 位，上升速度较快。北京、上海和香港分别为第 5 位、第 8 位和第 11 位。前五位的城市或都市圈分别是纽约－纽瓦克、旧金山－圣何塞、伦敦、东京和北京。

表 2-3 《全球科技创新中心评估报告》指标体系（部分指标）

一级指标	二级指标	三级指标
基础研究	论文发表	高被引论文
	一流大学	世界知名大学
	科研获奖	世界顶级科技奖励获奖
	科研设施	大科学设施
		超算中心浮点运算能力
产业技术	专利申请	PCT 专利申请
	高科技制造业	医药化工龙头企业市值
		电子信息龙头企业市值
		高端制造龙头企业市值
	生产性服务业	全球化与世界城市研究网络（GaWC）城市分级
	企业研发投入	龙头企业研究与试验发展（R&D）投入
创新经济	金融支撑	VC 募资
		私募股权（PE）融资
	企业活力	独角兽企业
		创新机构
		数字经济发展
	人才支撑	工作岗位供给
创新环境	商务便利	航线
		四星级、五星级酒店
	舒适宜居	宜居和生活质量
	社会繁荣	夜晚灯光亮度
	舆论支持	创新关键词检索数

总的来看，当前一些机构发布的城市创新指数有一些共

性特征，具体表现在以下三个方面。

第一个方面，这些指数报告中关注科技创新的多，关注产业创新的少。

目前各类创新指数报告中关注科技创新的较多，尤其是论文发表、高校等创新维度。聚焦企业创新主体、关注产业创新的较少，大部分创新指数只在个别指标中休现了产业创新的内容。对产业创新的忽视，会导致创新成果对产业支持的弱化。试举一个例子。

东京大学技术转移和产学研合作机构（Technology Licensing Organization，TLO）的目标是促进东京大学的研究成果转化为实际应用，推动科学创新和技术商业化。TLO主要负责管理和推广东京大学的专利技术，鼓励教职员工将研究成果转化为商业项目。不过，TLO的重点是研究创新，特别是发表论文和提供专利技术。它的主要作用是促进研究成果的转让和技术的商业化，对产业创新的支持相对较少。尽管TLO可以帮助科技成果转化，但对初创企业和产业创新的支持相对较弱。这可能导致一些研究成果无法在产业中得到充分应用，而缺乏更广泛的商业化也会影响创新成果产业化的效果。

第二个方面，这些指数报告中关注创新过程的多，关注创新结果的少。

创新过程包括各类要素的投入以及平台运作机制、产业转化机制等。《自然》、世界知识产权组织等机构的报告，主要关注创新过程，对产业创新的短期效益和长期效益缺乏相应关注。试举一个例子。

飞仕伯乐（Fishburners）是悉尼最大的共享办公空间和创新社区之一，为科技创业者和初创企业提供创新创业的平台和支持。飞仕伯乐非常注重创新的过程，为初创企业提供共享办公空间、会议室和活动场地等一系列资源，支持创业者进行技术开发和创新实验。飞仕伯乐聚集了大量的科技创业者，创业者之间可以互相交流、互相帮助，形成了活跃的创新创业氛围。但飞仕伯乐对企业长期发展以及产业创新的转化能力关注较少，尽管它提供了丰富的资源和支持，但还是缺乏对企业的长期指导和规划。因此，一些初创企业在起步阶段可能会取得一定的技术突破，但缺乏长期稳定的发展路径，也没有足够的能力将其创新成果转化为实际的产业应用。

第三个方面，这些指数报告关注研究机构创新的多，关注市场主体创新的少。

基础研究以及部分技术研究来自高校以及科研院所，这些往往是地方城市和国家基础投入的结果。而市场主体的创新更加关注产业端，注重市场需求、应用性和盈利性，具有较强的竞争力。但大部分研究报告过多关注研究机构的创新，容易忽略市场主体具有较强应用性和推广性的创新。

基于以上三个方面的原因，我们编制了全球城市产业创新指数，并撰写《全球城市产业创新指数报告》。该报告以产业创新为主题，注重市场主体，聚焦结果导向，全面剖析全球主要城市的产业创新能力。

《全球城市产业创新指数报告》

《全球城市产业创新指数报告》基于一系列关键指标和数据，如研发投入、专利申请等，能有效衡量不同城市在产业创新方面的表现，反映不同城市的产业创新水平和竞争力，对于评估一个城市的产业创新水平，明确一个城市未来产业创新的方向，推动城市之间产业合作与交流具有重要意义。

报告选取的核心指标之一是研发投入，如一个城市在科学研究、技术开发和创新活动上所投入的资金和资源等。一个城市高水平的研发投入意味着其在推动新技术、新产品和新服务的发展上具有积极性和实力。除此之外，报告还考虑其他因素，如创新产业的增长速度、创新创业环境、技术转移能力、企业的创新活动，等等。这些指标都会共同反映一个城市的创新生态系统和产业创新的全貌，反映不同城市的产业创新水平和竞争力。

了解一个城市产业创新指数排名后，可以基于报告中的内容采取相应的政策措施，提升城市整体的竞争力。不同城市可以根据其创新水平，突出城市自身的优势，补足自身的短板，进行城市创新生态的优化与完善，从而吸引更多创新资源汇入，提升城市整体的竞争力。例如，这份报告将专利申请作为衡量产业创新的重要指标，一个城市专利申请的数量及质量可以反映它的创新能力和科技成果。因地制宜，积极鼓励多样化和高质量的专利申请，将有助于提高城市在产业链中的竞争地位。

通过《全球城市产业创新指数报告》，不同城市可以了解自身在全球产业创新竞争中的位置和潜力。通常来讲，高排名的城市往往具有创新氛围浓厚、科技实力雄厚的优势，能吸引更多投资和人才的涌入，从而实现其产业的蓬勃发展。低排名的城市可以借鉴高排名城市的经验，加强产业创新的投入和管理，提高自身的创新水平和竞争力。该指数报告提供的有价值的信息，能够帮助政府和企业优化完善创新支持的政策和战略，进一步激发其创新创业活力。

另外，这份指数报告还反映了不同城市在产业创新领域的优势及短板，展现了不同城市的产业创新实力。通过对全球城市产业创新水平的综合展现，各城市之间相互了解，有助于加快城市创新生态的优化和提升，促进国际科技交流与合作，加速全球创新网络构建。

1.《全球城市产业创新指数报告》的总体框架与底层逻辑

我们以产业创新为主题，通过构建系统化、科学化、客观性的指标体系，选择具有代表性的样本城市，编制了一份能够准确反映全球城市产业创新水平的《全球城市产业创新指数报告》，以充分反映全球重要城市的创新力。

（1）《全球城市产业创新指数报告》编制的原则

1）关注产业周期

产业创新犹如一个完整的循环系统，由产业的基础环境、资源投入、创新成果输出和最终实现产业层次的提升等多个阶段组成。这个循环代表了产业创新的全生命周期，也代表了城市产业升级的一般过程。透过这一循环，我们可以更好地理解一系列要素在各阶段的表现。

对于一个城市而言，它需要营造一个有利于产业创新的环境，给所在企业提供有利条件，并给予有力扶持。同时，政府要加大相关资源投入，以促进企业创新。在此基础上，形成新产品和新技术等创新成果，伴随着行业技术创新的发展，行业整体水平也会随之提升。

在此基础上，我们提出了四个一级指标，分别对产业创新的环境、投入、产出与绩效进行测度。通过对这四个方面的关注，每个城市可以更有针对性地提升和强化其产业创新过程，实现经济的不断升级和发展。这样，城市的建设者就能够更好地促进其产业的创新和进步，推动城市的繁荣和发展。

2）注重结果导向

产业创新包括科技创新、技术创新、模式创新、管理创新、组织创新等内容，这些内容都能反映产业的升级与改善。产业创新的最终目标是让城市的产业和企业变得更好、更强。

要衡量一个城市的产业创新力，必须以产业创新的成果为着眼点，重点关注产业创新的产出能力和绩效，也就是说，要观察产业创新到底给这个城市带来了哪些具体的利益和成果。这种利益可以体现在多个方面，例如，城市的制造业能力是否得到提升，新的技术产品是否开发出来，企业的发展水平是否得到有效改善。

在编制过程中，我们特别关注产业创新的产出和绩效，它们是评估一个城市产业创新能力的重要标志。如果一个城市的产业创新产出和绩效都很优秀，说明它在产业创新方面取得了很大进步，它的产业和企业在全球竞争中会有更强的竞争力。

因此，在编制《全球城市产业创新指数报告》时，我们更多地从产业创新的最终结果出发，去考察各个城市的产业和企业是否获得了实际的发展。只有通过真实的绩效和成果，才能准确地评估一个城市在产业创新方面的表现。

3）强调量质并重

在产业创新中，要突出"量质并重"的原则，我们既要注重产业创新的数量增长，也要关注产业创新的质量提升。

产业创新的数量增长是指在创新过程中，所涉及的人员投入数量、资本投入数量、制造业增加值等的增长。这些数量对比可以凸显城市产业创新的规模。产业创新的质量提升是指产业结构优化和产业内部技术水平的提高，主要包括高技术产业、数字化产品和数字化服务等所占比例的上升。

在编制全球城市产业创新指数时，要遵循"量质并重"的原则。该指标体系包含了两个方面：一是数量型指标，用来衡量产业创新的规模；二是质量型指标，用来反映产业结构的优化和技术水平的提升。

通过这两类指标体系，我们能够对某一个城市的产业创新有一个更加完整的认识，不仅可以了解这个城市在产业创新规模上的表现，也可以看到这个城市在产业创新上的质量。只有在"量质并重"的基础上，我们才能更准确地评估城市产业创新的综合实力，为城市产业创新发展提供科学依据和指引。

4）突出技术引领

技术创新是产业创新的源头，也是产业创新的动力。技术创新引领产业创新，产业创新在聚焦企业等主体创新的同时，也需要强调技术的引领作用。另外，技术升级也是产业创新的直接结果，产业创新在一定程度上能推动技术的融合、迭代和升级。因此，在该指标体系中，我们引入了以专利、商标为标志的企业指标。

（2）《全球城市产业创新指数报告》的指标体系

在关注产业周期、注重结果导向、强调量质并重和突出技术引领的基本思路下，《全球城市产业创新指数报告》的指标体系由产业创新环境、产业创新投入、产业创新产出和产业创新绩效 4 个一级指标、11 个二级指标和 15 个测度指标组成（见图 2-1）。

全球城市产业创新指数的指标体系包含了产业创新的环境条件、投入程度、创新成果以及绩效效果，可以对城市产业创新的表现进行综合评价。透过这些指标，我们可以更清楚地认识到世界不同城市的产业创新能力及程度，城市的管理者也可以基于此制定产业创新战略。关于这些指标的具体情况，我们做相关说明（详见表 2-4）。

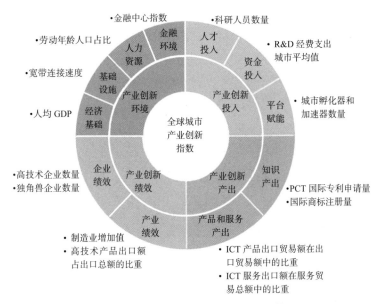

图 2-1　全球城市产业创新指数的指标体系

表 2-4　全球城市产业创新指数指标和数据来源

一级指标	二级指标	指标测度（单位）	数据来源
产业创新环境（25%）	经济基础（25%）	人均 GDP（美元 / 人）	2022 年森纪念财团《全球城市实力指数》报告
	基础设施（25%）	宽带连接速度（Mbps）	采用城市上行传输速度
	人力资源（25%）	劳动年龄人口占比（%）	Wind 数据终端
	金融环境（25%）	金融中心指数（得分）	第 33 期全球金融中心指数报告

一级指标	二级指标	指标测度（单位）	数据来源
产业创新投入（25%）	人才投入（35%）	科研人员数量（人/百万人）	《国际科学、技术和创新的数据和见解——全球20个城市的比较研究报告》
	资金投入（30%）	R&D 经费支出城市平均值（万美元）	Osiris 全球上市公司数据库
	平台赋能（35%）	城市孵化器和加速器数量（个）	Podia 数据平台网站
产业创新产出（25%）	知识产出（50%）	PCT 国际专利申请量（件）	世界知识产权组织的 PatentScope 数据库 2021 年数据
		国际商标注册量（件）	世界知识产权组织的 PatentScope 数据库 2021 年数据
	产品和服务产出（50%）	ICT 产品出口贸易额在出口贸易额中的比重（%）	2022 年全球创新指数
		ICT 服务出口额在服务贸易总额中的比重（%）	2022 年全球创新指数
产业创新绩效（25%）	产业绩效（50%）	制造业增加值（亿美元）	各城市官网查询
		高技术产品出口额占出口总额的比重（%）	2022 年全球创新指数
	企业绩效（50%）	高技术企业数量（家）	2021 年福布斯全球 2 000 强中与高端制造相关的行业
		独角兽企业数量（家）	胡润 2023 年全球独角兽企业排行榜

1）一级指标和权重

一级指标包括产业创新环境、产业创新投入、产业创新产出和产业创新绩效，既覆盖产业创新周期，又突出结果导向。每个一级指标都是等权重（25%）。

2）二级指标和权重

产业创新环境的二级指标包括经济基础、基础设施、人力资源和金融环境，覆盖了产业创新的几大重要支撑。产业创新投入的二级指标包括人才投入、资金投入和平台赋能，覆盖主要的投入要素。产业创新产出的二级指标包括知识产出、产品和服务产出，覆盖主要的数量型指标。产业创新绩效的二级指标包括产业绩效和企业绩效，既衡量长期结果，又关注质量导向。每个二级指标也都是等权重。

3）测度指标和权重

依据二级指标选择具有针对性的测度指标，既要保证所选的测度指标具有代表性、典型性，又要保证数据可得性，在平衡这两者的基础上，我们最终选取了15个测度指标，具体的测度指标及其数据来源见表2-4。二级指标下的测度指标通常是1～2个，也遵循等权重合成二级指标的原则。

（3）衡量城市产业创新水平的四个维度

1）维度一：产业创新环境

产业创新环境是一个城市产业创新的基础支撑，坚实的经济基础是产业创新的底座，高能级的基础设施环境是产业创新的重要条件，丰富的人力资源为产业创新提供劳动力支撑，良好的金融环境为产业创新提供必要的资金支持。因此，在产业创新环境上，我们从经济基础、基础设施、人力资源和金融环境四个方面衡量。

①**经济基础**。经济基础是一个城市产业创新的重要环境之一，市场规模大、人均收入高的城市更具备产业创新的条件。因此，在经济基础这个维度上，我们采用2021年人均GDP（美元/人）作为衡量标准。数据来源于2022年森纪念财团的《全球城市实力指数》（Global Power City Index）的城市画像，未列入该指数的部分城市采用手工检索和查询的方式获取。

经济基础是城市产业创新的一个重要环境因素，对于城市的经济发展和产业创新都具有重要的影响。通过对城市的经济基础进行评估，我们可以更好地了解各个城市的经济发展水平和产业创新的潜力。例如上海、纽约、伦敦等，这类国际热门城市人均GDP普遍较高，经济基础较好，拥有更大的市场和更多的资源，能够吸引更多企业和创新活动，更有可能成为一个产业创新的热点。而人均GDP相对较低的城市，可能需要更多的资源来提升经济基础，吸引更多的创新和产业发展。

②**基础设施**。基础设施是一个城市产业创新的重要基础，联通性好、便捷高效的基础设施环境更加有利于城市的产业创新。通常来讲，城市中一般性基础设施（如公共交通、港口机场等）已经能基本满足需求，信息化基础设施是产业创新未来重要的环境资源。因此，在基础设施这个维度上，我们采用宽带连接速度作为测度指标，报告中的数据为2023年的即时数据，数据来源于网络测速网站的城市上行传输速度。

③**人力资源**。充沛丰富的人力资源既为产业创新提供劳动力基础，同时又是产业创新的重要人才库。报告中采用2021年的劳动年龄人口占比作为人力资源的测度指标。数据主要来源于 Wind 数据终端。其中，中国城市的数据来自中国国家统计局，新加坡的数据来自《新加坡劳动力报告》，东京的数据来自红黑人口库网站。

④**金融环境**。产业创新离不开金融的支撑，证券市场、融资环境等为产业创新提供资金来源。报告采用2023年3月期中国（深圳）综合开发研究院与英国智库 Z/Yen 集团联合发布的"第33期全球金融中心指数报告"（简称 GFCI 33）作为城市金融环境的测度指标。西雅图、奥斯汀和丹佛三个城市不在 GFCI 33 的样本范围中，这三个城市的金融表现与相似城市对比后经过估算得出。

2）维度二：产业创新投入

产业创新投入是产业创新的起始阶段，也是决定产业创新产出和绩效的重要条件。产业创新投入包括人才投入、资金投入以及产业创新所必需的技术转化和孵化平台。因此，这一级指标我们从人才投入、资金投入和平台赋能三个方面进行表述。

①**人才投入**。高层次人才，尤其是科研人员数量是一个城市产业创新的重要投入要素。报告采用活跃的科研人员数量（人/百万人）作为人才投入的测度指标，数据主要来源于《国际科学、技术和创新的数据和见解——全球20个城

市的比较研究报告》，选取 2016～2020 年累计的科研人员数据，未列入上述 20 个城市的样本城市采取手工查询和按国家数据估算的方法计算出结果，并与上述 20 个城市交叉验证以保证数据的准确性。

②**资金投入**。产业创新的资金投入与科技创新的资金投入最大的区别，在于产业创新投入的主体基本来自市场，主要是企业，尤其是各领域的头部企业；而科技创新投入除了市场主体的投入，大部分的基础科学创新来自政府投入。因此，在报告中，产业创新的资金投入采用 R&D 经费支出城市平均值（万美元）。数据来源于 BvD 数据库下的 Osiris 数据子库，我们下载了截至 2023 年 5 月 13 日全球所有交易所上市的 121 072 家公司，依据这些公司的总部城市进行分类，计算每个城市企业在 2021 财年的平均 R&D 投入。

③**平台赋能**。孵化器和加速器是技术向企业过渡，想法向实践过渡的重要载体，城市的孵化平台和加速平台数量直接影响到产业创新投入的效能。报告采用城市孵化器和加速器数量作为平台赋能的测度指标。数据来源于 Podia 数据平台网站，包含全球 2 658 家知名孵化器和加速器及其所在城市，按照城市进行分类计算。

3）维度三：产业创新产出

产业创新产出是短期内产业创新的结果，用来衡量量的增长效应，其主要包括产业创新产生的知识产出、产品和服务产出，等等。

①**知识产出**。产业创新过程伴随着知识溢出和技术成果的实现。产业创新成果强的城市具有明显的知识品牌效应和技术集聚优势。在知识产出方面，我们主要从PCT国际专利申请量和国际商标注册量两个维度进行测度。两者均来自世界知识产权组织（WIPO）的PatentScope数据库。其中，专利申请量主要参考2021年申请者地址位于样本城市的PCT专利数量，国际商标注册量主要参考马德里标准下的商标注册量，按照国家人均量乘以城市人口计算得出。

②**产品和服务产出**。产出创新以提供高质量的产品和服务作为结果。在数字化时代，最终的产品和服务都是以数字化形式体现出来的，信息与通信技术（information and communications technology，ICT）产品和服务是产业创新的重要结果，该指标以ICT产品出口贸易额在出口贸易额中的比重和ICT服务出口额在服务贸易总额中的比重作为主要测度，二者都来自2022年全球创新指数中的国家画像数据。

4）维度四：产业创新绩效

产业创新绩效衡量产业创新的质量和长期效应。产业创新绩效表现为对产业以及企业的影响。因此，产业创新绩效从产业绩效和企业绩效两个方面来表述。

①**产业绩效**。产业绩效主要包括产业创新对制造业规模的提升影响，以及对高技术产品价值的提升影响。因此，产业绩效从城市的制造业增加值和高技术产品出口额占出口总额的比重两个维度来衡量。

制造业增加值数据主要来自各城市官方统计网站，悉尼、墨尔本等部分城市数据来自国家 GDP 中制造业增加值占比乘以城市 GDP 得出。需要说明的是，在欧美的城市中，制造业增加值通常从制造业从业者的角度来计算，而中国的城市通常是按照企业类型计算制造业增加值，这方面的差异在本报告中并不明显，故未做具体处理。高技术产品出口额占出口总额的比重来自世界知识产权组织的 2022 年全球创新指数中的国家画像数据。

②**企业绩效**。产业创新的企业绩效包括孕育了大量的成长型企业和高技术企业。因此，企业绩效采用高技术企业数量（家）和独角兽企业数量（家）两个测度指标进行衡量。其中高技术企业数量选择 2021 年福布斯全球 2 000 强中与高端制造相关的行业企业，包括航空防务、化学品制造、生物医药、健康设备服务、信息软件和服务、信息互联网软件和服务、材料制造、半导体制造、半导体与电气电子硬件设备、技术硬件和设备、通信服务和交通运输物流 12 大行业的企业数量。独角兽企业数量数据来自胡润 2023 年全球独角兽企业排行榜，该排行榜列出了全球成立于 2000 年之后、价值 10 亿美元以上的 1 361 家非上市公司，按照城市分类计算出数量。

（4）如何遴选样本城市

样本城市的选择既涉及产业创新的未来方向，也涉及城市的对标，我们在选择样本城市时，主要遵循以下四个基本原则。

1）选取具有产业引领能力的城市

电子信息、生物医药、金融科技、人工智能等一系列前沿领域，引领着全球科技水平的发展和新兴产业的走向，能更好地赋能于城市的产业创新。此类产业成绩突出的城市，往往在产业创新方面也具有全球领先能力，因此，在样本选取时应优先考虑，如旧金山、深圳、首尔等。

2）选取具有经济规模优势的城市

一个城市的经济规模越大，就越有利于其创新产业的孵化和发展。以全球城市作为样本候选集，经济规模优势多的城市通常具有相对更强的产业创新能力、更大的创新空间、更高的发展潜力，如纽约、东京、上海、北京、伦敦等。

3）选取具有创新策源功能的城市

科技创新通常是产业创新的源头，科创策源性城市通常也具有较强的产业创新能力，如波士顿——美国著名的高科技中心之一，该地区的高新技术产业包括软件开发、电子信息、生物医药等。这里聚集了全球知名的科技公司和科研机构，如微软、英特尔、辉瑞、诺华等。此外，还有赫尔辛基、爱丁堡等城市。

4）选取具有辐射影响效能的城市

所选样本城市，均是具有全球性辐射效能的城市，尤其是在产业领域具有全球资源配置的能力。部分城市虽然是区域性的，但它们在某一行业具备全球产业资源配置的能力。

依据以上的城市选择思路，同时尽可能平衡有关国家入选的样本城市数量，我们最终选取了 27 个样本城市，具体如表 2-5 所示。

表 2-5 《全球城市产业创新指数报告》的 27 个样本城市

序号	城市（中文）	城市（英文）	国家	GaWC 等级	优势产业
1	旧金山	San Francisco	美国	α−	电子信息、生物制药等
2	上海	Shanghai	中国	α+	汽车制造、集成电路等
3	悉尼	Sydney	澳大利亚	α	航空航天、软件开发等
4	东京	Tokyo	日本	α+	电子设备、精工制造等
5	巴黎	Paris	法国	α+	医疗技术、绿色低碳等
6	洛杉矶	Los Angeles	美国	α	汽车装配、人工智能等
7	多伦多	Toronto	加拿大	α	汽车制造、绿色核电等
8	新加坡	Singapore	新加坡	α+	化学工业、生物医药等
9	纽约	New York	美国	α++	生物医药、金融科技等
10	慕尼黑	Munich	德国	α−	机械设备、高端制造等
11	北京	Beijing	中国	α+	电子信息、生命科学等
12	波士顿	Boston	美国	α	生物医药、人工智能等
13	深圳	Shenzhen	中国	α−	电子信息、人工智能等
14	阿姆斯特丹	Amsterdam	荷兰	α	新材料、软件开发等
15	伦敦	London	英国	α++	生命健康、信息科技等
16	首尔	Seoul	韩国	α−	半导体制造、信息科技等
17	西雅图	Seattle	美国	β	航空航天、软件信息等
18	斯德哥尔摩	Stockholm	瑞典	α	信息技术、生命科学等
19	苏黎世	Zurich	瑞士	α−	机械制造、现代金融等
20	柏林	Berlin	德国	β+	移动出行、量子材料等
21	奥斯汀	Austin	美国	β−	半导体制造、新材料开发等

序号	城市（中文）	城市（英文）	国家	GaWC等级	优势产业
22	丹佛	Denver	美国	β	低碳能源、设备制造等
23	奥斯陆	Oslo	挪威	β	海工设备、航运科技等
24	赫尔辛基	Helsinki	芬兰	β	机械制造、智能设计等
25	墨尔本	Melbourne	澳大利亚	α−	生命科学、软件信息等
26	爱丁堡	Edinburgh	英国	β−	数字文化、软件开发
27	莫斯科	Moscow	俄罗斯	α	油气工业、工业制造等

（5）编制指数所使用的方法

在指数编制过程中，我们使用了以下两种计算方法。

1）标准化（min-max 方法）

通过标准化的方法使原始数据去量纲。城市 $i(i = 1, 2, \cdots, 27)$ 的指标 k 的原始值记为 $x_i^{(k)}$，由于本研究所选用指标均为正向指标，即指标值越大说明表现越好，按照 min-max 方法标准化后得到得分 $s_i^{(k)}$。

$$s_i^{(k)} = \frac{x_i^{(k)} - \min_i(x_i^{(k)})}{\max_i(x_i^{(k)}) - \min_i(x_i^{(k)})}$$

2）加权平均法

假设二级指标下有 K 个三级指标，通过加权平均方式合成二级指标得分。

$$s_i = 1 / K \sum_{k=1}^{K} s_i^{(k)}$$

依此类推得到一级指标和总得分（指数值）。

谁在引领强城时代

全球 27 个样本城市的创新之力

根据以上《全球城市产业创新指数报告》的编制原则、指标体系和计算方法，我们得出了全球 27 个样本城市产业创新水平的总体情况，具体内容参见表 2-6。

表 2-6　全球 27 个样本城市的总体得分和排名

排名	城市	国家	区域	总得分
1	深圳	中国	亚洲	39.05
2	旧金山	美国	北美洲	36.66
3	北京	中国	亚洲	36.38
4	纽约	美国	北美洲	35.07
5	伦敦	英国	欧洲	32.74
6	上海	中国	亚洲	31.31
7	东京	日本	亚洲	31.18
8	西雅图	美国	北美洲	29.34
9	新加坡	新加坡	亚洲	27.24
10	首尔	韩国	亚洲	26.80
11	巴黎	法国	欧洲	24.90
12	奥斯汀	美国	北美洲	20.88
13	波士顿	美国	北美洲	19.13
14	洛杉矶	美国	北美洲	18.32
15	阿姆斯特丹	荷兰	欧洲	18.02
16	赫尔辛基	芬兰	欧洲	17.23
17	苏黎世	瑞士	欧洲	16.24
18	慕尼黑	德国	欧洲	16.21
19	柏林	德国	欧洲	16.18
20	奥斯陆	挪威	欧洲	15.13
21	悉尼	澳大利亚	大洋洲	14.90
22	多伦多	加拿大	北美洲	14.77

排名	城市	国家	区域	总得分
23	斯德哥尔摩	瑞典	欧洲	14.41
24	墨尔本	澳大利亚	大洋洲	12.83
25	丹佛	美国	北美洲	12.77
26	爱丁堡	英国	欧洲	12.58
27	莫斯科	俄罗斯	欧洲	6.15

1. 全球产业创新能力最强之城：深圳

《全球城市产业创新指数报告》的排名结果表明，深圳、旧金山、北京、纽约和伦敦是全球产业创新能力最强的五个城市。

深圳以 39.05 分成为全球城市产业创新指数值最高的城市。在产业创新产出方面，深圳表现抢眼，位居全球城市首位，产业创新绩效为全球第 3 位，产业创新环境为全球第 7 位。但深圳的产业创新投入仍有提升的空间，为全球第 14 位，处于中游水平。[⊖]

在深圳的科创企业中，华为技术有限公司（简称华为）最为知名，作为具有全球影响力的通信设备制造商和 ICT 解决方案提供商，华为一直致力于技术创新，在 5G、人工智能、云计算等领域取得了突破性进展。腾讯是一家世界领先的互联网科技公司，旗下著名社交通信产品有微信、QQ，连接全球逾 10 亿人。此外，腾讯还提供云计算、广告、金

⊖ 根据《全球城市产业创新指数报告》的研究内容，绘制了城市在具体分项下的排名。

融科技等一系列企业服务，帮助合作伙伴实现数字化转型。像华为、腾讯这类大型企业不少都诞生于深圳，体现了深圳作为中国科技创新中心的重要地位。

旧金山、北京、纽约和伦敦分别在指数排名中位列全球第 2～5 名，每个城市都有其自身的强势领域。

排名第二的旧金山在创新环境方面拥有较大的优势。例如，旧金山湾区拥有众多科技创业孵化器和加速器，为初创企业提供资源和支持，像 Y Combinator[⊖]就是全球最著名的科技孵化器之一，它帮助众多初创公司快速成长。大学在科技创新方面拥有丰富资源，与许多企业有着紧密合作关系，能为当地的产业创新提供良好的环境优势，斯坦福大学就位于旧金山湾区。

排名第三的北京在创新绩效方面拥有较强的优势。例如，百度、小米科技、京东集团和北京中关村科技园区等在创新绩效方面为北京做出了很大的贡献。

纽约和伦敦在创新投入方面均具有很大的优势。例如，WeWork 是一家总部位于纽约的共享办公空间提供商，该公司提供灵活的办公场所和服务，受到很多初创企业和自由职业者的欢迎。硅谷银行（Silicon Valley Bank）在伦敦设有分支机构，专注于为科技和创新企业提供金融服务。

⊖ 成立于 2005 年，是美国著名的创业孵化器，扶持初创企业并为其提供创业指南。

2. 亚洲城市产业创新能力普遍优于欧洲和北美洲

在27个样本城市中，得分前十的城市中有6个城市来自亚洲、3个城市来自北美洲、1个城市来自欧洲。

亚洲的城市在产业创新能力方面占据绝对优势，主要是由于深圳、北京、东京和首尔等城市均是电子信息产业的制造和服务中心。其中，深圳的华为、腾讯、大疆创新等，东京的索尼、松下电器、罗姆半导体和富士胶片等，首尔的三星电子、Kakao⊖、LG电子等，这些公司主要依靠电子信息科技获得发展。

北美洲城市和欧洲城市经历了一轮产业转移和外迁，如伦敦和阿姆斯特丹，虽然它们都是当地的金融和商业中心，但目前它们的制造业占比相对较低，支撑产业创新的基础不如亚洲城市。

3. 西雅图、新加坡等一半的样本城市指数值位于第二梯队

在指数报告中，大部分城市的指数值位于15 ～ 30分区间（见表2-7）。从指数值的范围看，处于30 ～ 40分区间的城市共有7个，分别是深圳、旧金山、北京、纽约、伦敦、上海和东京；处于15 ～ 30分区间的城市有13个，分别是西雅图、新加坡、首尔、巴黎、奥斯汀、波士顿、洛杉矶、阿姆斯特丹、赫尔辛基、苏黎世、慕尼黑、柏林、奥斯陆；

⊖ 韩国的一家集娱乐、大众媒体和出版为一体的综合公司。

创新之城：谁在引领强城时代

处于 15 分以下的城市有 7 个，分别是悉尼、多伦多、斯德哥尔摩、墨尔本、丹佛、爱丁堡和莫斯科。其中，10 分以下的城市只有莫斯科。

表 2-7　不同梯队的城市创新指数值范围

梯队	指数值范围	城市
第一梯队	30 ～ 40 分	深圳、旧金山、北京、纽约、伦敦、上海、东京
第二梯队	15 ～ 30 分	西雅图、新加坡、首尔、巴黎、奥斯汀、波士顿、洛杉矶、阿姆斯特丹、赫尔辛基、苏黎世、慕尼黑、柏林、奥斯陆
第三梯队	15 分以下	悉尼、多伦多、斯德哥尔摩、墨尔本、丹佛、爱丁堡、莫斯科

4. 创新之城各有千秋

不同的城市呈现出来的城市气质千差万别、风格迥异，通过对这 27 个样本城市的研究，可以发现单项引领型城市的数量较多，创新之城各有特色。

从一级指标位居前十名的城市数量看（见表 2-8、彩图 1），四个一级指标均位居前十的城市只有纽约，这说明纽约在产业创新环境、产业创新投入、产业创新产出和产业创新绩效四个方面均衡发展，且均具有很强的竞争力。

具体来看，在纽约市的城市创新力上，在产业创新环境方面，谷歌在纽约市设立了谷歌创新中心，为初创企业提供导师指导和资源，推动创新发展。在产业创新投入方面，纽约市政府设立了创业种子基金和众创空间，为创业者提供资金和指导，促进创新项目的落地。在产业创新产出方面，像 Warby Parker 这样一家在纽约创办的时尚眼镜电商公司，在 2022 年全年营业收入就高达 5.98 亿美元。在产业创新绩效方面，像 Dataminr 这家纽约创新科技公司，截至 2021 年，就已通过 10 轮融资筹集到了 10.44 亿美元，公司估值超过 16 亿美元，这充分表明其在产业创新中的前景和绩效得到了高度认可。以上例证均表明了纽约在这四个方面的创新能力比较均衡。

对比来看，深圳、旧金山、伦敦、东京、巴黎和首尔这 6 个城市在某一领域总有不尽如人意之处，例如，深圳和首尔在产业创新投入方面、旧金山和巴黎在产业创新产出方面、伦敦和东京在产业创新环境方面都有进步的空间。但由于这些城市仅有一项短板，其产业创新综合实力仍然名列前茅。

新加坡、北京、上海和西雅图这四个城市的表现为"两高两低"，新加坡在产业创新产出和产业创新绩效方面"双高"，北京和上海在产业创新投入和产业创新绩效方面"双高"，西雅图在产业创新环境和产业创新投入方面"双高"。有 8 个城市只有一个指标位居前十，这些城市表现为在某一领域相对突出。例如，悉尼在产业创新产出方面表现突出，位居全球第八；波士顿在投入方面表现突出，位居全球第七。此外，还有 8 个城市没有一级指标进入前十，在单项上也不突出。

表 2-8　一级指标前十的城市数量

梯队	数量	城市
四个一级指标位居前十	1	纽约
三个一级指标位居前十	6	深圳、旧金山、伦敦、东京、巴黎、首尔
二个一级指标位居前十	4	新加坡、北京、上海、西雅图
一个一级指标位居前十	8	悉尼、波士顿、斯德哥尔摩、苏黎世、奥斯汀、奥斯陆、赫尔辛基、墨尔本

　　　　　　　创新之城：谁在引领强城时代

◎ 创新专栏 2-1

西雅图与波士顿：
产业创新型城市与科技创新型城市

西雅图与波士顿在美国的城市体系中是两个最具代表性的城市。这两个城市的人口都在 60 万至 70 万，城市核心区域面积大约为 200 平方千米至 300 平方千米，人均 GDP 都在 10 万美元上下，但两个城市的发展模式却大相径庭。

西雅图是一个典型的产业型城市，它是全球知名的科技型企业微软、亚马逊的总部所在地以及美国版携程 Expedia 的总部所在地。此外，谷歌、Facebook 等全球知名的信息软件企业也都在西雅图设立了除湾区总部外最大的办公地。波音总部也曾在西雅图（2000 年后搬至芝加哥），星巴克、Costco 等消费产业龙头企业也位于西雅图，这都使得西雅图成为全球零售和食品产业的中心城市之一，西雅图的产业创新优势特征明显。

波士顿的发展则与西雅图有很大的不同。波士顿的创新主要依赖大学，波士顿是全世界大学数量最多、大学水平最高的城市，像哈佛大学、麻省理工学院、塔夫茨大学、波士顿学院、布兰迪斯大学、美国东北大学、波士顿大学等高校都位于波士顿。另外，波士顿也是拥有世界顶尖论文数量最多的城市，截至 2023 年 5 月，波士顿在《自然》（*Nature*）、《科学》（*Science*）和《细胞》（*Cell*）三大刊发表的论文数量累计高达 18 942 篇，位居全球城市首位，这一数量是纽约和伦敦的 1.8 倍、北京的 8 倍、深圳的 49 倍。

另外，从大学实验室的基础突破到产业集群式创新，需要经历中试阶段，这也是波士顿地区能集聚一大批小微创新企业的主要原因，像 Editas Medicine 就是一家总部位于波士顿的基因编辑公司，由麻省理工学院等学术机构的科学家共同创立。该公司专注于基因编辑技术的研发和应用，探索治疗基因相关疾病的新方法。

◎ 创新专栏 2-2

"中国药谷"：北京

中国首都北京是政治、文化及科创的中心，生命科学及生物医药作为北京的优势产业，其重要性是毋庸置疑的。

在制药方面，北京的制药产业涉及化学药、生物药、特效药、中药、疫苗等相关领域。在医疗器械方面，北京涉及影像设备、植入器械及医疗机器人等领域。此外，北京也大力布局基因研究、医学人工智能、新材料等前沿的创新业态，以及合同定制研发机构（CRO）、合同定制生产机构（CMO）、合同定制研发生产机构（CDMO）、合同定制销售机构（CSO）等不同医药产业链环节的服务。

统观其发展，北京在总体上形成了"北研发，南制造"的产业格局，南北两地区优势互补、融合发展。北部地区主要以中关村生命科学园和中关村生物医药园为核心，着重于生命科学和新医药科技产业的创新研发。南部地区主要以大兴生物医药产业基地和北京经济技术开发区为核心，涉及医药基础研发、医疗器械、医疗服务等诸多相关领域。

以大兴生物医药产业基地为例。大兴生物医药产业基地创建于 2002 年，规划面积 28 平方千米，基地包含研发与企业孵化区、生产加工区、贸易物流区以及生活服务区四类功能区。

历经 20 多年的发展，北京的生物医药总产值已超过千亿元。截至 2023 年 5 月，已入驻北京的企业多达 6 000 家、国家级监管机构和科研院所 12 个、各类服务平台 120 余个、实验室 18 家。大兴生物医药产业基地以制造业为基石，发挥"制造业服务化""服务型制造业"的优势，开创出了一条"两业融合"的创新之路。

北京在生命科学及医药产业的创新方面，实现了行业内各细分领域协同发展的生态体系。在这种创新环境中，涌现出一批又一批优质的创新企业及创新成果。

2022 年，在北京市政协十三届五次会议上着重提到了要加快推进北京生物医药产业的创新发展，可见北京这个"中国药谷"还力求在研发水平、人才培育、营商环境、政策支持等方面更上一层楼，将生物医药发展成具有全球影响力的支柱产业。

谁在引领产业创新之城

在后续的分析中，我们将从产业创新环境、产业创新投入、产业创新产出以及产业创新绩效四个维度，详细分析哪些城市在哪些方面具有较大的优势。

1. 产业创新环境之城

产业创新环境是决定和保障产业创新的基础条件，在我们的研究中，有哪些城市的产业创新环境较好呢？这 27 个样本城市的产业创新环境又呈现出怎样的特点呢？这一节我们来进行具体的分析和解读。通过调研和数据分析，我们得出如彩图 2 所示的全球 27 个样本城市产业创新环境的得分和排名情况。

（1）旧金山、西雅图、奥斯陆、苏黎世、奥斯汀是城市产业创新环境最好的 5 个城市

旧金山是产业创新环境得分最高的城市，在经济基础、基础设施和金融环境方面均位居全球前五，尤其是在以网速为测度的新型基础设施方面，位居第二。Fastly 是一家全球性的云服务提供商，它就位于旧金山。先进的网络基础设施为旧金山地区的科技公司和创新企业提供了支持。

西雅图的经济基础、基础设施和人力资源均位居前十，金融环境略微不足。

奥斯陆作为挪威的经济中心之一，拥有多元化的产业体

系。经济基础、基础设施等方面表现优秀，但人力资源有待提升。

苏黎世是全球人均 GDP 最高的城市，人均 GDP 约为 18.85 万美元。

奥斯汀是全球网速最快的城市，网速上行平均速率高达 48.7Mbps[⊖]，奥斯汀的人均 GDP 和网速都位居全球城市前列。

（2）欧美城市的产业创新环境普遍优于亚洲城市

整体来看，欧美城市的产业创新环境普遍优于亚洲城市。产业创新环境最好的前 5 个城市中，没有一个来自亚洲。硅谷是全球科技创新的代名词，诸如谷歌、苹果、Facebook 等科技巨头以及众多初创企业均汇聚在硅谷，它们共同推动着科技和互联网领域的产业创新。瑞典的斯德哥尔摩是一个科技产业发达的城市，有 Spotify 和爱立信等公司在这里发展，这从某方面来讲展示了瑞典在音乐流媒体和通信技术领域的创新实力。

产业创新环境最好的前 10 个城市中，亚洲仅有深圳和首尔两个城市上榜。深圳上榜是因为良好的人力资源环境，其劳动力年龄人口占比位居 27 个样本城市首位，此外深圳的金融环境位居第 9 位。首尔在金融设施、人力资源和金融环境方面均位居前十。

⊖ 一种传输速率单位，指每秒传输的位（比特）数量。

（3）没有产业创新环境"全优"型的城市

从产业创新环境角度看，27个样本城市中没有哪一个城市四个维度的产业创新环境全部位居前十。旧金山、西雅图和奥斯汀都是3项产业创新环境位居前十。产业创新环境前十的城市一般都是有2项环境二级指标位于前十。这是因为每个城市都有自己的优势和劣势。

产业创新环境是一个受多种因素影响的复杂系统。有些城市可能在科技创新和研发方面表现突出，拥有世界一流的科研机构和科技公司，但在金融环境和政府支持方面却相对较弱。有的城市可能在金融和商业环境方面表现突出，但在科技研发和人才引进方面却相对落后。

2. 产业创新投入之城

产业创新投入是产业创新的基础。在此次研究中，我们从人才投入、资金投入以及平台赋能等方面综合反映有哪些城市比较重视产业创新的投入。彩图3列示了27个样本城市产业创新投入的得分和排名。

（1）样本城市中产业创新投入最高的5个城市分别是伦敦、纽约、西雅图、北京和旧金山

伦敦在产业创新投入方面依赖于强大的平台赋能。根据统计，全球前2 000家创业孵化器和加速器有114个位于伦敦，伦敦拥有的创业孵化器和加速器数量位居第一。例

如，Techstars London 是 Techstars 在伦敦的分部，成立于 2013 年。它是大伦敦地区最著名的初创企业孵化器和加速器之一。Techstars London 的初创企业加速计划每年都会吸引一批优秀的初创企业参加为期 3 个月的加速计划。在加速期内，参与的初创企业可以获得种子资金、办公空间、导师和全球资源，以支持其快速成长和市场扩张。

纽约在人才投入、资金投入和平台赋能等方面表现相对均衡，分别为第 5 位、第 7 位和第 2 位。西雅图和北京都是单项投入冠军，其中，西雅图的资金投入位居第一，其上市公司平均研发投入为 22 亿美元，位居首位。例如，亚马逊公司 2022 年的年度研发费用为 732.13 亿美元，巨额的研发投入使亚马逊能够在电子商务、物流、人工智能、云计算等领域持续创新，不断推出新的产品和服务，提升用户体验。

2016～2020 年北京的科研人员数量累计高达 47.7 万人，位居第一。百度在科研人员数量方面表现出色。根据公开资料显示，截至 2020 年，百度的科研人员数量超过 2.2 万人，这使百度成为北京地区科研人员数量最多的公司之一，也为其在人工智能和技术创新方面提供了坚实的基础。

◎ 创新专栏 2-3

《英国创新战略》
与产业创新资金和人才投入

2021 年 7 月 22 日，英国商业、能源与产业战略部（BEIS）

发布了《英国创新战略：创造未来　引领未来》报告（简称《英国创新战略》），其中的一个核心主题就是提升企业创新能力和竞争力。《英国创新战略》认为，提升企业创新能力，解决四大难题，必须要实施一系列更具有开创性的举措，包括构建贯穿创新型企业成长的资金支持体系，在全球范围内吸引和留住人才，建设新的创新组织和创新区域，以及明确七大技术发展方向，等等。

　　《英国创新战略》中提出要打造贯穿企业创新全链条的政策体系，释放企业特别是小企业的创新潜力。具体措施如下所述。一是建设多元化金融生态，将养老金作为资助创新型企业的替代资本。英国商业银行[⊖]、创新英国[⊜]、英国研究和创新署[⊜]运用资本和基金，为创新型中小企业不同时期的创新活动提供资金支持，提升企业的融资能力。二是加大税收优惠力度，改进研发支出抵免和中小企业研发减免计划，实行新的税收超额减免政策，以减轻企业创新过程中的资金压力。三是优化创新成果商业化环境，加强知识产权保护，实施新的国际贸易协定，利用政府采购推动基金项目，促进产

　　⊖　英国商业银行成立于 2014 年，它整合了英国政府以往分散在各部门的一批金融支持、咨询及服务项目，是专门针对中小企业提供"一站式"金融服务的政策性商业开发银行。

　　⊜　创新英国隶属于英国研究和创新署，是专门为创新型企业提供竞争性赠款和创新贷款的公共机构。

　　⊜　英国研究和创新署成立于 2018 年 5 月，是统筹管理英国全部科研经费的公共机构，接受英国商业、能源与产业战略部的人事任命和监管协调。

学研合作，促进企业创新成果市场化。

《英国创新战略》中提出要优化技能人才和高素质创新人才的发展环境，集聚全球人才支持企业创新。具体措施如下所述。一是注重劳动力技能提升，通过开展技能价值链项目，提高劳动力采用新兴技术的能力，建立技术学院（IoTs）网络，为企业提供科学、技术、工程和数学（STEM）方面的培训，以夯实企业基础人才实力。二是在全球范围内吸引高素质创新人才，推出高潜力人才签证（HPI）项目，扩大签证的灵活性，使拥有高技能的国际移民更愿意留在英国。三是减少官僚主义，简化创新活动的相关审核流程，重视年轻科研人员的早期发展，让他们拥有更多科研话语权。

《英国创新战略》中提出要建设创新组织和布局更多创新集群，完善区域创新环境。具体的措施如下所述。一是创建英国高级研究和发明局（ARIA），这是借鉴美国国防高级研究计划局（DARPA）的科研管理模式建设的，旨在通过高效灵活的管理方式，使对未来具有颠覆性和变革性的技术创新活动得以实施。二是通过基金支持更多创新集群建设，通过区域实力基金（SIPF）支持包括威尔士、北爱尔兰在内不同区域的五个制造业创新集群发展，使英国境内各地的创新环境实现均衡发展。

资料来源：赛迪智库，《英国创新战略》旨在调整和重塑国家创新生态。

（2）亚洲城市的创新投入已经基本与欧美城市相当

27个样本城市产业创新投入排名前十的城市中，亚洲城市有4个，分别是北京、东京、上海和新加坡。亚洲城市只比欧美城市少1个。尤其是北京，得益于高校的研究人员数量，北京在创新投入方面已经位居第四。上海的研究人员数量位居第二，产业创新投入总排名位居第九。东京在人才投入和平台赋能方面优势明显，新加坡的平台赋能优势明显。

Grab是一家科技公司，总部设在新加坡，为东南亚居民提供旅行服务。这家公司始于2012年，后来逐渐成长为一个包括提供打车、共享自行车、共享电动车、快递送货在内等多项出行服务的公司。在产业创新投入方面，Grab积极投资于研发和技术创新，以提供更便捷、高效的出行服务。该公司还设立了GrabLab——一个专门的研究和开发团队，专注于推动智能出行技术的发展。Grab还与多家大学和科研机构合作，积极探索人工智能、大数据和自动驾驶等领域的创新项目。

（3）东京、巴黎和纽约三个城市在创新投入各领域均位居全球前十

纽约在人才投入、资金投入和平台赋能三个方面分别为第5位、第7位和第2位。巴黎的这三项投入分别为第6位、第6位和第4位。其他城市一般在创新投入的某一个方面或两个方面具有优势。

Station F是世界上最大的创业孵化器，位于巴黎市中心。

它于 2017 年开业，由法国企业家 Xavier Niel 创办。Station F 为初创企业提供超过 3 万平方米的办公空间，同时拥有导师、投资者和创业支持组织，在人才投入、资金投入和平台赋能方面为创业者提供全方位的支持和资源。

3. 产业创新产出之城

产业创新产出以知识产出、产品和服务产出为主要形式。我们结合彩图 4 来看看哪些城市是全球产业创新产出之城。

（1）深圳、赫尔辛基、东京、伦敦和新加坡是样本城市中产业创新产出得分最高的 5 个城市

深圳的创新产出位居首位，其知识产出位居第八，这主要得益于 2021 年深圳的 PCT 专利申请数高达 7 700 多件，位居第二，其中华为申请了 7 689 件。深圳的产品和服务产出位居第二，尤其是 ICT 产品出口额在出口贸易中的比重高达 30% 左右，位居第一。

赫尔辛基在产品和服务产出方面位居第一，像赫尔辛基的诺基亚公司是一家全球通信技术公司，在无线通信设备、网络解决方案、数字健康等领域拥有众多专利，并不断推出新的创新产品和服务。

东京在知识产出方面位居第一，东京的索尼和任天堂公司在游戏、半导体、人工智能与机器人等许多领域都拥有大量的知识产权和专利，为其产品和服务提供了技术支持和竞争优势。

伦敦和新加坡在知识产出、产品和服务产出方面均位居前十。

（2）全球城市 PCT 专利占比与人口占比高度相关，人均 PCT 占比高的城市产业创新指数也高

我们将城市的 PCT 专利占比[○]与城市的人口占比进行拟合发现（见图 2-2），人口占比高的城市 PCT 专利占比也较高，如东京的人口占日本的 29.75%，PCT 专利占比也占到了 29.04%。

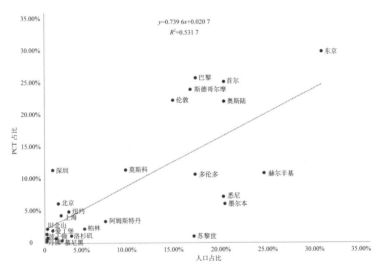

图 2-2　PCT 专利占比与城市的人口占比之间的线性关系

○　PCT 是《专利合作条约》（Patent Cooperation Treaty）的英文缩写，是有关专利的国际条约。根据 PCT 的规定，专利申请人可以通过 PCT 途径递交国际专利申请，向多个国家申请专利。这里的"城市 PCT 专利占比"是指一个城市 PCT 专利数与所在国家的 PCT 专利数的比例。

　　　　　　　　创新之城：谁在引领强城时代

产业创新指数与城市人均 PCT 也高度相关。例如，位居产业创新指数首位的深圳以 0.88% 的人口量创造了中国 11.12% 的专利，旧金山以 0.27% 的人口量创造了美国 2.19% 的专利。

（3）亚洲城市的产业创新产出略优于欧美城市

27 个样本城市产业创新产出排名前五的城市中，有 3 个来自亚洲。排名前十的城市中，有 4 个来自亚洲，与欧美城市数量相当，但它们的排名略高于欧美城市。澳大利亚的悉尼和墨尔本在产业创新产出方面也具有一定的优势，分别位居第八和第九。

例如，悉尼的 Atlassian Corporation PLC 是一家软件技术公司，其产品包括 Jira、Confluence、Bitbucket 等，这家公司在软件开发和团队协作领域有很大的产出。Cochlear Limited 是澳大利亚的一家医疗技术公司，专注于开发和销售人工耳蜗技术。它们的人工耳蜗产品帮助听力障碍者恢复听力，对医疗产业的创新产出做出了重要贡献。

（4）新加坡、伦敦和深圳三个城市的知识产出、产品和服务产出均具有竞争力

这三个城市的知识产出、产品和服务产出均位居前十。新加坡的知识产出位居第三，产品和服务产出位居第十。新加坡在生物医药领域的专利数量持续增长，同时新加坡还拥有发达的制造业和服务业，在航空航天、电子、金融、船

舶、旅游和金融科技等领域具有强大的产业基础。新加坡的制造业公司如捷成、金融科技公司如 Grab 等，在产品和服务产出方面都有显著贡献。

伦敦的知识产出位居第二，产品和服务产出位居第八。伦敦的高等教育机构如伦敦大学、帝国理工学院等，为城市培养了大批优秀的科研人才，并带动了众多创新项目和知识产权的产生。

深圳的知识产出位居第八，产品和服务产出位居第二。华为、腾讯等都是深圳的知名企业，它们以其独特的产品和服务在全球范围内取得了成功。

4. 产业创新绩效之城

产业创新除了短期产出之外，还有长期绩效，包括对产业、企业的巨大影响，我们在彩图 5 中列出了产业创新绩效得分较高的城市。

（1）上海、北京、深圳、旧金山和东京是产业创新绩效最好的 5 个城市

上海的产业绩效和企业绩效分别全球第二和第五。北京的产业绩效和企业绩效都位居第三。得益于深圳庞大的制造业增加值总量，深圳的产业绩效位居第一，企业绩效位居第八。旧金山的企业绩效位居第一。东京的产业绩效和企业绩效分别位居第七和第二。

（2）亚洲城市的产业创新绩效显著优于欧美城市

从产业创新绩效最优的五个城市看，有 4 个在亚洲，其中有 3 个是中国城市，这说明中国城市在产业创新的质的提升方面位居世界前列。从前十名来看，有 6 个城市是亚洲城市，欧美城市中仅旧金山、纽约、伦敦和巴黎 4 个城市位居产业创新绩效前十，主要原因在于欧美城市过早地完成了工业化，制造业增加值占比较低。

（3）上海、东京、北京、深圳和首尔这 5 个亚洲城市的产业绩效和企业绩效均具有较强的竞争力

中、日、韩三国的城市在产业绩效和企业绩效平衡方面表现较好，以企业支撑产业发展，取得瞩目成绩。日本 50% 的高科技企业总部在东京。2020 年，东京共有 39 家企业进入世界 500 强，其中日立、索尼、松下、KDDI、富士通、佳能、东芝等都是世界知名高科技跨国公司。东京湾区有京滨、京叶两大工业区。京滨工业区以电子信息、精密机械制造为主，集聚了 NEC、佳能、三菱电机、三菱重工、三菱化学、丰田研究所、索尼、东芝、富士通等许多具有技术研发功能的大企业和研究所，工业产值占日本全国的 40%，是东京首都圈产业研发中心。京叶工业区以石油炼化、钢铁等工业为主，是世界上规模最大的液化石油气储备基地、日本最大的材料与能源生产基地。

"五型经济"[○]发展下，
上海产业创新发展的"二三四五"

"五型经济"发展下，新技术不断迭代，产业融合性增强，产业边界模糊化，产业创新面临难得的机遇期，也呈现出新的变化趋势和特征。总体而言，上海的产业创新发展呈现出"二大新特征""三大新趋势""四大新要求"以及"五大新内容"的"二三四五"特色。

上海产业创新发展表现出以下二大新特征：第一，上海的数字技术、智能革命加速突破，新型组织方式日益兴起，创新整体在新科技与新消费的推拉中前进；第二，上海的创新从模仿式优势创新逐步转入超大规模优势创新，市场端的优势明显。

上海产业创新表现出以下三大新趋势：第一，从有形要素向无形要素转变，在未来产业发展中产生重大作用的主要是信息、数据、知识产权、发明专利等无形要素；第二，实体空间向虚拟空间转变，例如，数字孪生城市是5G技术下的产物，无法在实体空间实现；第三，物理空间向数字空间转变，未来产业逐步与数字化转型的经济、生活、治理空间相结合，由硬支撑变为软实力。

○ "五型经济"是指创新型、服务型、开放型、总部型、流量型经济，是上海经济发展的优势和特色。

同时，"五型经济"的发展也对上海产业创新提出了四大新要求。

一是要求新技术加速迭代，包括材料技术、能源技术、太空技术等加速迭代过程中会引起产业生产方式的变革，淘汰落后生产方式，改善新生产方式。

二是要求新业态加速出现。新经济业态决定产业再造能力。传统业态是生产决定消费，新业态是消费反向决定生产。传统业态是生产、制造、供给、工厂的单边思维，新业态则是生产与消费、制造与服务、供给与需求、工厂与场景的双边思维。传统业态是重资产，新业态则是轻资产。在整个经济运行过程中，如果以信息化、数字化、网络化、智能化为代表的数智科技、信息产业能够在20%左右的区间实现产业化，那么，这将渗透、改造和影响其他80%经济体量的效率效益。

三是要求新空间加速供给。空间是产业创新的重要容器，新技术和新业态对产业空间提出了新的要求，传统的单一式用地模式已经不再适用于"五型经济"格局下的产业创新，尤其对于多种业态融合发展的混合空间提出了新要求。城市作为产业的大平台，应该加速空间供给，加速腾笼换鸟，为创新型产业、服务型产业、开放型产业、总部型产业和流量型产业提供新的承载地。

四是要求新制度加速适配。新技术、新业态和新的模式要求新的制度与之适配，新制度既是产业创新的"润滑油"，也是产业创新的"沙箱"[⊖]，在数字经济、平台经济、流量经济、源头经济等方面应该加速出台相关制度，兼顾包容性和审慎性原则，兼顾服务和监督原则。

另外，上海产业创新也出现了五大新内容。一是新技术，例如工业技术、生物技术、能源技术、材料技术等先进技术。二是新要素，例如专利发明、知识产权、双碳标准等未来竞争热点。三是新赛道，例如节能减排、绿色发展、太空技术等前沿布局。四是新空间，用于承载未来创新产业发展的网络空间和虚拟空间。五是新模式，鼓励多样性共生。

资料来源：作者编写。

强城时代的产业创新画像

根据《全球城市产业创新指数报告》的研究内容，我们绘制了全球 27 个样本城市产业创新画像，如图 2-3 所示，雷达图中的黑色数字是纵坐标标记，加粗数字是该城市在具体分项下的排名。

1. 全球产业创新之城：深圳

深圳是全球城市产业创新指数最高的城市，以 39.05 分的成绩位居首位。从一级指标看，深圳表现为"三高一平"，高产出（第 1 位）、高绩效（第 3 位）、高环境（第 7 位），但投入（第 14 位）较为平稳（见图 2-4）。产出和绩效优势明显，环境趋于优化，但投入尚待提升。

⊖ 沙箱，这里是指新产业首先运行的封闭、隔离、安全的虚拟环境。

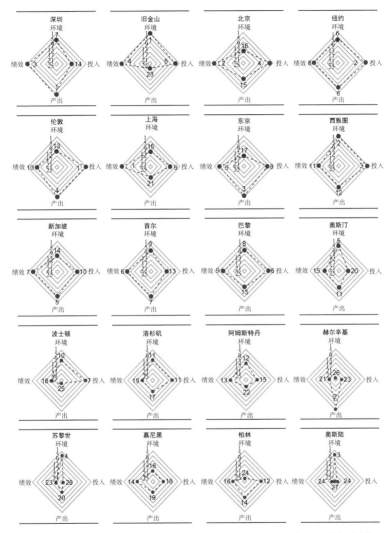

图 2-3　全球 27 个样本城市产业创新画像（根据四个分项的排名绘制）

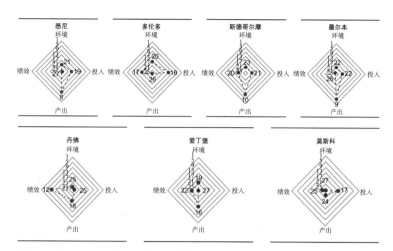

图 2-3　全球 27 个样本城市产业创新画像（根据四个分项的排名绘制）(续)

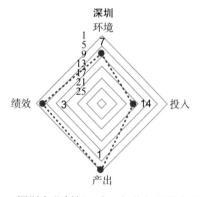

图 2-4　深圳产业创新四个一级指标的排名雷达图

从具体测度指标来看，我们认为，深圳在以下五个方面
具有优势。

一是劳动力资源优势明显。深圳劳动年龄人口占比高达
82%，位居首位。

二是 PCT 专利申请优势明显。2021 年 WIPO 的 PatentScope

录得深圳的 PCT 专利申请数高达 7 700 多件，仅次于东京。2022 年仅华为就申请了 7 689 件。

三是 ICT 产品出口优势明显。ICT 产品出口额占比高达 29.2%，位居城市首位。

例如，华为是全球领先的 ICT 基础设施和智能终端提供商。截至 2020 年年底，华为认证 ICT 人才累计超过 40 万，华为通过与全球 100 多家培训合作伙伴的合作，在全球范围内提供 ICT 培训与人才认证服务。预计到 2024 年，华为将累计为产业输送超过 100 万名 ICT 认证人才。

四是制造业规模优势明显。2021 年制造业增加值高达 1 611 亿美元，成为全球制造业第一城。华为作为深圳最大的制造业公司，2021 年全年营业收入 6 368 亿元，同比下降 28.6%；净利润 1 137 亿元，同比增长 75.9%；研发投入 1 427 亿元，占全年收入的 22.4%，近 10 年累计投入的研发费用超过 8 450 亿元。

五是高技术产品出口优势明显。从世界知识产权组织的高技术产品出口数据看，深圳高技术产品出口比重 32.4%，位居第一。以比亚迪为例，2023 年 1～5 月，比亚迪新能源乘用车出口量超过 6.38 万辆，超过 2022 年全年累计出口量（5.59 万辆），占 1～5 月累计销量的比重攀升至 6.40%，这一数据也超过 2022 年全年出口量占总销量的比重（3.0%）。

与此同时，深圳也表现出三个方面的短板。

一是人均经济规模偏低，深圳人均 GDP 约为 2.65 万美元，在样本城市中排名第 24 位。

二是信息化基础设施质量有待提升，其宽带平均网速位居第 26 位，在登录境外网站方面速度仍有一定的提升空间。信息化基础建设的优化，可以提高信息传输的效率、降低传输成本，促进数字化产业的发展，是推动科技创新和经济发展的重要驱动力。

三是商标申请量有待提升，深圳的商标申请量已经位居国内第二，但对比国际城市，只排到了第 22 位，深圳在马德里体系[⊖]下的商标注册参与度仍有待提升。

◎ 创新专栏 2-5

深圳产业迭代发展的创新之路

被誉为"中国创新之城"的深圳，是中国改革开放的标志性城市之一，也是粤港澳大湾区核心引擎城市之一。深圳市成立于 1979 年，1980 年成为中国首个经济特区。历经了 40 多年的发展，深圳不负众望，开辟出一条不断迭代的产业创新之路。

自 1980 年至今，深圳的产业模式从自发聚集的独立厂房群落，发展到产城融合的"三位一体"（生产、生活、生态）的现代化产业体系。深圳产业的发展大致经历了以下三个阶段。

1980～1995 年是深圳产业发展的第一阶段。在第一阶

⊖ 商标国际注册体系。

段，深圳以传统制造业为主导，产业以"产城分离"的形式嵌在城市之中，通过劳动密集型的"三来一补"（来料加工、来样加工、来件装配、补偿贸易）开创了深圳工业化发展的格局，形成了蛇口工业区、上步工业区、八卦岭工业区等11个产业聚集区。

1996～2010年是深圳产业发展的第二阶段。在第二阶段，在时代的需求和政府的推动下，深圳将高新技术产业作为主导产业。传统制造业高人力、高污染、高能耗，同时附加价值及发展潜力较低。针对这一发展瓶颈，1995年，深圳提出"以高新技术产业为先导，先进工业为基础，第三产业为支柱"的产业发展战略，并制定了一系列政策为高新技术企业的发展提供支持。由此，计算机、通信、机电一体化、生物工程等高新技术产业应运而生、蓬勃发展。深圳高新技术产业开发区，就是在这样的背景下成立的。同时，产业聚集区的功能模块也更加多元化，融合了生产、研发、产业服务等多种功能，初步实现了"产城融合"的城市空间形式。

2011年至今是深圳产业发展的第三阶段。深圳产业发展的第三阶段以现代服务业及创新产业为主导。经过一系列产业体系的优化，深圳发展出"生物、互联网、新材料、信息技术、文化创意、新能源"六大战略性新兴产业。在"双区驱动"之下（2019年提出的《粤港澳大湾区发展规划纲要》和"建设中国特色社会主义先行示范区"），深圳通过产业链、创新链、人才链、教育链"四链"融合，构建稳定的创新体系和开放的创新环境，更好地践行了"产城融合"，形成"基础研究、技术攻关、成果产业化、科技金融、人才支撑"的创新生态链，同时也孕育出人工智能、生命健康等未来新兴产业。

目前，深圳光明科学城、西丽湖国际科教城等一系列高质量、多功能的产业城区在陆续建造中，深圳也更加注重创新成果的产业转化及创新人才的孕育，力求实现可持续创新，打造具有全球影响力的产业创新之城。

资料来源：广东省人民政府.双区驱动 逐梦前行 深圳全面纵深推进先行示范区建设[EB/OL].（2022-04-25）.

2. 全球创业创新环境之城：旧金山

旧金山是全球城市产业创新指数排名第二的城市，也是欧美城市中产业创新指数最高的城市。从一级指标看，旧金山表现为"三高一低"，产业创新环境、产业创新投入和产业创新绩效得分高，但产业创新产出得分较低（见图2-5）。

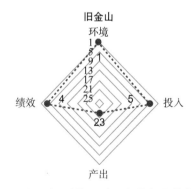

图 2-5　旧金山产业创新四个一级指标的排名雷达图

　　　　　　　　　　创新之城：谁在引领强城时代

从具体测度指标上看，我们认为，旧金山在以下四个方面具有明显的优势。

　　一是旧金山的宽带速度位于全球前列。旧金山的宽带平均速度高达 65.5Mbps，位居全球第二，如 Comcast Xfinity、AT&T、Wave Broadband、Sonic 和 Webpass 等企业为旧金山的数字经济提供了大量的支持。

　　二是旧金山的城市平台数量比较多。全球最好的孵化器 2 000 强中，有 90 家位于旧金山。例如，Y Combinator 这家位于旧金山的公司，在胡润研究院发布的《2021 全球独角兽投资机构百强榜》中排名第 12 位，帮助了许多知名企业（Airbnb、Dropbox 和 Reddit 等）成功起步。再如，500 Startups 为初创企业提供资金、指导和资源，截至 2021 年，500 Startups 已在全球范围内投资了 2 500 余家公司，其中近 30 家公司成长为独角兽企业，110 余家公司成长为准独角兽企业。

　　三是旧金山的高技术企业数量较多。旧金山有 21 家福布斯 2 000 强企业如 Alphabet Inc.（谷歌母公司）、Visa Inc. 和 PayPal Holdings，Inc. 等，数量位居全球第二，仅次于东京。高技术企业有助于带动城市产业转型和升级，促进城市产业创新的可持续发展。

　　四是旧金山的独角兽企业数量最多。根据胡润全球独角兽企业排名，旧金山有 226 家独角兽企业，如 Airbnb、DoorDash 和 Coinbase 等，数量位居全球第一。

　　但是，根据雷达图的显示，我们发现旧金山也有两个比较明显的短板。

一是旧金山的商标申请量不高。2021 年，旧金山的国际商标申请量约为 816 件，在样本城市中位居第 23 名。

二是旧金山的制造业规模整体有待提升。旧金山的制造业整体规模已经不足 10 亿美元，从事制造业人口占总人口的比重仅为 3%。制造业的衰落，可能会带来区域发展不均与贫富分化的问题。不同于资本及高新技术类产业，制造业能提供更多稳定的、低门槛的就业岗位，对于维护社会稳定及经济基础有着不容忽视的作用。

3. 全球产业创新投入之城：伦敦

伦敦是全球城市产业创新指数排名第 5 位的城市，也是欧洲排名最高的城市，同时也是产业创新投入的单项冠军。从一级指标看，伦敦表现为"两高两中"，高投入、高产出，但绩效和环境表现中游（见图 2-6）。

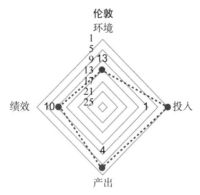

图 2-6　伦敦产业创新四个一级指标的排名雷达图

从具体测度指标看，我们认为，伦敦在以下三个方面具有竞争优势。

一是伦敦的金融优势明显。伦敦的金融中心指数为731分，仅次于纽约，是全球金融体系最完备的城市，也是金融支撑产业发展最强的城市。诸多知名国际银行的总部坐落于此，例如，汇丰银行、巴克莱银行、英格兰银行、渣打银行等。同时，伦敦是世界主要外汇交易市场，日交易量达5 000多亿美元，占全球交易量的30%。另外，伦敦也是全球最大的场外金融衍生品交易市场，继芝加哥之后成为全球第二大期货与期权交易市场，是全球最大的基金管理中心。

二是伦敦的城市孵化平台完备。全球孵化平台2 000强中有114个位于伦敦，数量位居全球首位。例如2007年Seedcamp在伦敦成立，是欧洲著名的科技创业孵化平台之一，通过整合全球投资者及不同领域专业导师，Seedcamp为创业者提供指导和资源，Seedcamp孵化的公司包括TransferWise、Revolut和UiPath。

三是伦敦的商标申请量优势明显。根据世界知识产权组织的数据，2021年伦敦拥有14 867件国际商标申请量，位居全球首位，这也从侧面凸显了其产业增长及创新的强劲力量。

伦敦的短板主要体现在劳动力资源方面。伦敦的劳动年龄人口占比为66.65%，在27个城市中占比偏低，劳动年龄人口的缺失，会提高人力成本，降低产业生产效率，影响企业的投资环境，从而制约产业的进一步发展。

与科技创新不同，产业创新更加聚焦应用端、商业端的创新能力，《全球城市产业创新指数报告》为城市以产业创新推动整体创新能力的提升提供了一些有价值的启示。

第一点重要启示，政府要充分发挥城市在数字化领域的创新优势，带动生物医药与健康产业、新材料产业、绿色低碳产业和海洋产业的创新优势。例如，深圳华大基因就是通过数字化技术实现了高通量、高效率的基因测序和数据分析，从而推动了医学领域的数字化创新。同样，蔚来汽车（NIO）也通过数字化技术，提供智能驾驶功能、远程在线更新（OTA）软件升级和车辆数据分析，从而推动了绿色交通和可持续出行的产业创新。

第二点重要启示，我们要以产业优势吸引国内外高校技术落地和转化。要充分发挥城市的产业优势，吸引国内知名的工科院校、电子科技类院校开办研究院，建立大学科技园，促进科技成果转化。

第三点重要启示，我们要以产业端优势推动城市原始创新能力提升。要鼓励当地企业设立研究机构，推动大学的原始创新和科学发现，加强城市当地的大学与国际顶尖高校、国际一流企业的互动与交流，提升原创性、基础性创新能力。

第四点重要启示，各大城市要积极引入金融产品支撑产业创新，加大金融支撑产业创新的力度。城市不仅是产业创新中心，通常也是全球或区域性的金融中心，应持续加大金融对产业创新的支持力度，鼓励金融参与基础创新、技术创新、产业创新到产业链集群创新的全过程，完善资本投入和退出制度，打造敢投、能投、善投的环境。

第五点重要启示，我们要积极加强全球城市在产业创新方面的合作，打通产业链创新全过程。当前，从世界知识产权组织的数据看，深圳、香港等城市构成的大湾区已经是全球创新的冠军区域，并形成了以企业为主导的产业创新独特优势，全球城市应该继续构建全球产业创新网络，加强城市间的产业协同，参与全球产业链、创新链合作。

本章参考资料

[1] 李嘉晓.我国区域金融中心发展研究 [D].咸阳：西北农林科技大学，2007.

[2] 高山.主要国际金融中心竞争力比较及对上海的启示 [J].社会科学研究，2009（4）：42-49.

[3] 潘容容，盛鸣，孙铭.面向高质量发展的空间治理——2021 中国城市规划年会论文集（14 区域规划与城市经济）[C].北京：中国建筑工业出版社，2021.

[4] 孙云杰，玄兆辉.理性看待《全球创新指数》，重视核心创新指标 [J].全球科技经济瞭望，2017（4）：46-51.

[5] 周振华.全球城市发展指数 2019[M].上海：格致出版社，2019.

[6] 泰勒，德鲁德.世界城市网络：一项全球层面的城市分析 [M].刘行健，李凌月，译.南京：江苏凤凰教育出版社，2018.

[7] DERUDDER B，TAYLOR P，DE V A，et al. Pathways of change: shifting connectivities in the world city network[J]. Urban Studies. 2010，（47）：1861-1877.

创新之城：谁在引领强城时代

第三章

深圳，中国创新第一城

—

写下这个标题时，我有过一些犹豫。

第一个犹豫之处在于，在第二章所讲的《全球城市产业创新指数报告》的榜单上，深圳位列榜首，但那仅仅是在产业创新方面的排名，在国际科技创新的榜单上，深圳可能排不到前十，即使在国内城市科技创新排名中，深圳也很少能进入前三榜单。可为何我们还要将深圳定为中国创新第一城呢？

首先，第三章所谈到的"第一"，不是榜单意义上的第一。在中国众多的城市中，相比其他城市，创新是深圳最为耀眼的标签。如果这一点无可争议，那么说深圳是中国创新第一城，就是有道理的。

其次，深圳在产业创新取得巨大成就的基础上，正在全力培育科技创新资源，提升其科技创新实力。我们有理由坚信，只要深圳的创新生态持续优化，深圳成为全方位的中国创新第一城，指日可待。

第二个犹豫之处在于，在第二章所讲的《全球城市产业创新指数报告》的榜单上，深圳位居全球城市产业创新第一，那为什么不说深圳是全球创新第一城，而仅仅是中国创新第一城呢？

在多个权威的创新排行榜上，深圳在科技创新方面，不仅与北京、上海之间有较大的差距，与波士顿、旧金山、伦敦等全球城市相比，差距也是很明显的。而且，深圳要在科技创新上全面追赶这些城市，还需要较长的一段历程。但我相信只要深圳持续地巩固优势，补上短板，突破瓶颈，深圳成为全球创新第一城，也只是时间的问题。

中国创新和创新第一城的逻辑

在准备写第三章内容之前，我看了两本书：《为什么是深圳：长篇报告文学》（后称《为什么是深圳》）与《深港科技创新口述史：河套的前世今生与深港合作》（后称《深港科技创新口述史》）。

我阅读的第一本书是《为什么是深圳》。

《为什么是深圳》是陈启文先生所著的一个长篇报告，共有四个部分内容。序章的标题名称和书名一样，是一个总论，后面四个部分全景式地记录了深圳从 1980 年到 2020 年 40 年里波澜壮阔的发展历程。

陈启文先生选取华为、腾讯、大疆和云天励飞四家企业，讲述它们的创新创业故事。《为什么是深圳》展现了任正非、马化腾、汪滔、陈宁四位创业者追赶世界先进水平的历史使命感、"敢为天下先"的创新精神。在第一部分"与深圳一起成长"和第二部分"一只企鹅在南海边诞生"中，陈启文先生分别提到了两份对深圳成为创新之城有重要作用的关键性文件。这两份文件对华为、腾讯的创立至关重要，同时也蕴含着深圳演化为创新第一城，乃至中国创新道路建设的深刻逻辑。

1987年2月4日，深圳市人民政府正式公布18号文件《深圳市人民政府关于鼓励科技人员兴办民间科技企业的暂行规定》。这是我国首个鼓励科技人员以"个人所拥有的专利、专有技术、商标权等工业产权作为投资入股"创办民营科技企业的"红头文件"，其宗旨是"充分发挥科技人员的积极性，促进科研与生产直接结合，发展外向型的先进技术特别是高技术企业"，而"民间科技企业在自愿的原则下……可吸纳海外投资者和涉外企业的股份"，民间科技企业不仅"享有其他类型企业的同等权利"，在税务减免、申请贷款、外贸内销上还享受优惠政策。"这标志着，深圳在国内率先突破当时还很僵化的计划经济体制，打开了民营科技企业创业的大门，从而为民营科技企业搭建起了最初的政策支撑平台。"⊖

华为技术有限公司就在这一年注册成立了。陈启文写道："一份神秘的红头文件撕开了一道制度的口子，没有它就没有华为的今天。"⊖

他接着写道："随着'18号文件'出台，一座'创新之城'的梦想由此启航。而在当时国营企业计划性的生产链条中，很多有创业意愿和创新意识的科技人员，既难以得到合理的激励机制，也没有足够的自主发展空间。他们或停薪留职，或辞职下海，如潮水般奔向深圳经济特区这个可以施展

⊖⊖ 引自陈启文《为什么是深圳：长篇报告文学》一书第66页。

拳脚的舞台，这甚至是当时的科技人员可以自主创业的唯一舞台。在不到一年的时间里，深圳市发文批准的民营科技企业就达七十多家，民营企业开始在科技创新上唱主角，引发了一场风起云涌的科技企业创办潮。这也是深圳经济特区最为独特的一道风景线。"〇

在"深圳大事记"里，有这样一句话："1987年，深圳市政府18号文件明晰了民营企业产权，华为在深圳创立。〇一家民营科技公司从深圳最低的门槛起步，如今登上了中国高科技企业的珠穆朗玛峰。深圳也从最低的门槛出发，迈向全球创新之都。而只要提及华为的创业史，任正非就会发出那句对于命运的感叹："如果没有18号文件，我们就不会创办华为。"〇

1998年1月，深圳市政府发布了29号文件《关于进一步扶持高新技术产业发展的若干规定》。"这就是当时在全国产生轰动影响的高新技术产业发展的'二十二条'，为科技创新提供土地、资金、税收、财政补贴等优惠政策，有效降低创新的门槛，推动创新成果产业化，扩大创新的获利空间。这一决策，充分发挥了深圳改革开放先行一步形成的体制机制优势，再次吸引了国内外自主创新的资源。"㉕

有人说，1998年是深圳市扶持和推进高新技术产业的发

〇 引自陈启文《为什么是深圳：长篇报告文学》一书第66页。

〇〇 引自陈启文《为什么是深圳：长篇报告文学》一书第67页。

㉕ 引自陈启文《为什么是深圳：长篇报告文学》一书第179页。

力之年。无独有偶，1998 年也是中国互联网黄金年代的开启之年。

1998 年，微软公司推出了 Windows 98 操作系统，为互联网插上了腾飞的翅膀；被誉为硅谷筑梦人的拉里·佩奇和谢尔盖·布林创建了谷歌；华裔青年杨致远将他在美国创立的雅虎的业务引入中国，在 1998 年《福布斯》杂志推出的高科技百名富翁中，杨致远以 10 亿美元的财富跃居世界高科技领域的华人首富。1998 年的中国互联网，从美国麻省理工学院毕业回国的张朝阳正式创建了搜狐网；四通利方在并购华渊资讯网后成立了全球最大的华人网站新浪网；丁磊在广州创办了网易，将定位由软件销售公司转型为门户网站；当然，还有在深圳某个角落里悄然出生的腾讯。[⊖]

1998 年 11 月 11 日，深圳市腾讯计算机系统有限公司正式注册成立。"这在当时是一件微不足道的小事，而在未来，又是一件载入了'深圳大事记'和中国互联网发展史乃至世界互联网发展史的大事。"[⊜]陈启文说，"这份'红头文件'（指'二十二条'）对于马化腾和腾讯的意义，一如 1987 年深圳市政府'18 号文件'对于任正非和华为的意义，而且进一步深化和提升了。马化腾后来说，'在（深圳）这座开放创新、充满机遇的城市里，我赶上了互联网快速发展的时代，萌发了通过互联网改变人们生活的梦想，从而踏上了创业的

⊖ 引自陈启文《为什么是深圳：长篇报告文学》一书第 178 ～ 179 页。
⊜ 引自陈启文《为什么是深圳：长篇报告文学》一书第 178 页。

道路'"。○

　为什么这两份文件对于华为、腾讯的创办，对于深圳成为创新之城如此重要呢？这就要从中国经济体制改革与转型说起了。

　深圳建立经济特区，直白点说，就是给了深圳建立社会主义市场经济体制的"准生证"。市场经济的发育和发展，有了众多活跃的市场主体，它们有了自主经营、自主创新的更大空间。但是，它们都势单力薄，需要外力扶持，尤其是在技术研发方面。同时，即使在特区，政府也要对经济活动发挥一定的作用。

　过往，人们的习惯思维是只要讲到政府作用，通常会想到政府的管制和干预。但是，当我们重新审视政府在深圳发展的进程中的作用时，就不难发现，在扶持和推动创业创新、发展高科技产业和战略性新兴产业的过程中，深圳政府的作用不是对企业行为的管制和干预，而是对企业提供实实在在的支持和帮助，切实有效地改善环境、完善生态。因此，深圳政府的作用是正面、积极的。

　前几年，我曾经访问过深圳一位重要经济部门的领导。当我们讨论到深圳的政府职能和行为时，他告诉我："深圳的政府职能就是服务于这个城市的核心竞争力。深圳的核心竞争力是创新，所以，我们的职能和行为就是服务于创新。"

　当我进一步问："政府利用公权力的行为会引起寻租，

○　引自陈启文《为什么是深圳：长篇报告文学》一书第179页。

怎么办?"他回答:"你看,我办公桌上现在就有检举信。但是,做,会错;不做,错更大。"他用机会成本解释了深圳政府的积极作为。

实践证明,深圳政府支持创新创业,培育创新和产业生态,发展高科技产业、战略性新兴产业和未来产业的作为是行之有效、利大于弊的。

在深圳成为创新之城的过程中,政府的两份代表性文件表明,政府在扶持创业创新、支持高科技产业发展中所起的作用,使深圳产生了一批以华为、腾讯、比亚迪为代表的科技型企业。这深刻地诠释了"使市场在资源配置中起决定性作用和更好发挥政府作用"这个中国改革、创新和发展的逻辑,它也是深圳成为中国创新第一城的逻辑。这是中国社会主义市场经济体制不同于其他市场经济国家,尤其是西方市场经济国家的根本点,也是中国创新之城的优势所在。

我阅读的另外一本书是《深港科技创新口述史》,该书由张克科先生口述,刘宇濠先生主编。

《深港科技创新口述史》内容非常具体、翔实,有着极高的史料价值。

张克科先生1982年毕业于武汉大学,是一位长期深度参与深港科技创新合作并在深圳多个相关政府部门任职的学者型官员。尽管已退休多年,但他仍然活跃在深港创新圈和河套地区发展的研究领域。

张克科先生告诉我们,要讲河套的故事,还得先从它的形成——深圳河的治理讲起。"深圳、香港称之为'河套'的地区，是 20 世纪八九十年代双方合作治理深圳河时，将河道裁弯取直后划入香港新界落马洲一方的土地，面积连同老河道约为 1 平方千米。"[⊖]从这里开始的故事，经历太多的曲折，但是，在政府实实在在的作为下，河套深港科技创新合作区已经挂牌运作。

在《深港科技创新口述史》中，张克科讲述了深港两地政府，尤其是深圳市政府推动深港科技创新合作的许多事例，以及政府在深港创新圈和深港都市圈方面所做的大量的有效工作。"更好发挥政府作用"的逻辑再次得到充分的体现。

这里，也有一份标志性的文件值得一提。

2006 年 1 月，深圳市委市政府出台 1 号文件《关于实施自主创新战略建设国家创新型城市的决定》。文件明确指出，要加快建设"深港创新圈"，并专门设置一节，论述如何建设"深港创新圈"。

张克科先生认为，"深港创新圈"比早期提出的河套地区有更大的扩展性。一是把这个平台建设和机构合作作为重点项目，如高新区虚拟大学园、集成电路设计基地等，同时也加强高校以外的公共平台合作，如香港创新科技署、香港生产力促进局等。二是把河套地区的重大项目、创新人才和各项资源都能够投入进去。因此，深港经济圈既加强了现有

⊖ 引自张克科、刘字濠《深港科技创新口述史：河套的前世今生与深港合作》一书第 6 页。

深港合作，又为未来深港合作描绘了蓝图。

2022年6月30日，在香港回归25周年前夕，习近平总书记前往香港视察。总书记希望香港发挥自身优势，汇聚全球创新资源，与粤港澳大湾区内地城市珠联璧合，强化产学研创新协同，着力建设全球科技创新高地。

到目前为止，政府在深港科技创新合作领域做了大量的工作，未来需要更多的市场主体和创投资本积极进入，共同深耕全球一流的创新和产业热土，并在这片热土上产生更多的科技型企业和独角兽企业以及更多的新兴行业的头部企业。唯其如此，世界级一流大湾区才能获得坚实的支撑和基础，全球科技创新高地也将最终形成。

梳理完深圳创新基因发展逻辑后，我们要深入探讨深圳成为中国创新第一城的路径和经验，这里我们先来厘清创新的三种基本类型（企业家创新、科技创新和产业创新）及其关联。接下来，我们会分析深圳成为中国创新第一城的"天时、地利、人和"。最后，我们再研究深圳创新模式和产业创新的特征性事实。

企业家创新、科技创新和产业创新

观察、调研和基于经济学背景的研究表明，创新有三种基本类型：企业家创新、科技创新和产业创新，它们之间有着紧密的关联。

1. 企业家创新是一个经济学范畴

早在 1890 年，经济学家阿尔弗雷德·马歇尔在《经济学原理》一书中就提出了"组织"是第四个生产要素的思想[一]。他视"组织"为企业家才能。企业家的职能就是把生产要素带到一起并组合起来。熊彼特的工作是在马歇尔的基础上展开的。同时，马歇尔认识到资本这个要素对"组织"的作用。马歇尔认为，所谓资本，就是企业家为了实现"新组合"，把各项生产要素转向新用途，把生产引向新方向的一种杠杆和控制手段。因而资本的主要社会功能在于为企业家进行"新组合"提供必要的条件和手段。

创新这个概念最先是由经济学家提出来的。约瑟夫·熊彼特是系统阐述创新概念的第一人，是创新理论的鼻祖。

1912 年，在《经济发展理论》一书中，熊彼特对创新的定义及解释是与"新组合"和生产函数联系在一起的。熊彼特指出："在从事活动的过程中，这种历史上的不可逆转的变动，我们称之为'创新'，我们把它定义为：创新就是生产函数的变动。"[二]生产函数的变动即要素组合的变动。他写道："新组合是间断地出现的时候，那么具有发展特点的现象就出现了……我们所说的发展，可以定义为实现新组

[一] 引自马歇尔《经济学原理》(中文版由商务印书馆于 2019 年出版)一书中的第 169 ～ 170 页。

[二] 引自约瑟夫·熊彼特《经济发展理论》(中文版由商务印书馆于 2011 年出版)一书中的第 179 ～ 180 页。

合。"$^{\ominus}$可见，他所说的创新，几乎与发展等价。从这个意义上说，熊彼特的经济发展理论即经济创新理论。

熊彼特认为，一种发明或创意只有当它被应用于经济活动时，才成为创新。所以，创新不是一个技术概念，而是一个经济概念。在熊彼特的年代，技术进步缓慢，经济学暗含着技术中性假设，即技术是不变的。进而，在生产函数或经济增长模型中，技术都是外生变量。直到1986年，这种情况才发生了变化。经济学家保罗·罗默在《收益递增和长期增长》一文中，系统地分析了知识与技术对经济增长的作用，突出了研究开发对增长的贡献，技术成为经济增长模型的内生变量。

熊彼特指出，新组合包括以下五种情况：①生产出一种新的产品；②采用一种新的生产方法；③开辟一个新的市场；④获得一种原料或半成品的新的供应来源；⑤实行一种新的企业组织形式。

他认为，市场经济是一个创造性的破坏过程，它不断从内部革新，不断地破坏旧的经济结构，不断地创造新的结构。这种过程称为"产业突变"，不断生成新的组合，促进经济发展。

熊彼特的重要贡献在于以下五个方面。

- 创新与发明之间有区别：创新不等于技术发明，只有当技术发明被应用到经济活动中才成为创新。

⊖ 引自约瑟夫·熊彼特《经济发展理论》（中文版由商务印书馆于2011年出版）一书中的第65～66页。

- 创新者专指那些最先把发明引入经济活动并对社会经济活动产生影响的人，这些创新的倡导者和实行者就是企业家。

- 企业家既不同于发明家，也不同于一般的企业经营管理者，是富有冒险精神的创新者，创新是企业家的天职。

- 经济增长的动力是创新者——有远见卓识、有组织才能、敢于冒险的企业家。经济增长的过程是创新引起竞争的过程：创新—模仿—适应。

- 企业家精神是企业家为了证明自己出类拔萃的才能而竭力争取事业成功的非物质的精神力量，支配着企业家的创新活动。

简而言之，熊彼特的创新理论包括创新及创新方式、创业者和企业家、创新是经济发展（增长）的动力，以及企业家精神等多方面的内容。

从广义上来看，企业家精神是指人的敢于试错的冒险精神。在不同的职业群体中，会有较高企业家精神禀赋和较低企业家精神禀赋的人群。无论在哪种职业群体中，具有较高企业家精神禀赋的人总是比较稀缺的。

在熊彼特看来，市场经济的主要推动力是源于企业家才能的企业家精神。可见，熊彼特所指的企业家精神是狭义的企业家精神，即附着于企业家群体的企业家精神。在任何社会，企业主（商人）的数量大大高于企业家的数量。培育并珍视企业家和企业家精神，在现代的商业世界中，怎么强调都不过分。

2. 科技创新和产业创新及其关联

科技创新，即科学发现和技术发明。现代科学意义上的第一个重大的科学发现，当属艾萨克·牛顿的万有引力定律。此后，利用各种观察和科学手段产生的科学发现层出不穷，大至宇宙，小到细胞，人类有无数的发现和解释。

具有现代意义的第一次技术革命，其代表人物是詹姆斯·瓦特。蒸汽机的发明打开了工业革命的大门。不过，将蒸汽机推向市场的不是瓦特，而是英国的制造商马修·博尔顿，他看到了瓦特蒸汽机的巨大潜力。博尔顿的目标是将蒸汽机引入各个产业，他放出豪言，"为全世界生产蒸汽机"。在博尔顿那里，我们就看到了将技术发明成果产业化并多用途应用的产业创新过程。

科学发现并不一定需要，也并不一定能够转化为技术发明。因为科学发现的初心是为了创造可供人类共享的知识——作为公共品的知识。它们是技术发明、文化创意的基础和源头，但它们毕竟不是技术发明本身。技术发明一般都有明确的商业目的和价值，其成果具有知识产权的归属。

技术发明的成果能否转化为产品和服务，还存在很多变数，由此产生有关产业创新的问题，人们要解决量产和产业化过程中的技术、设计与工艺等诸多难题。随着新产品和新服务的技术含量不断提高，产业创新中的难题必须通过技术、设计和工艺等一系列创新来加以解决，产业创新就此成为一个相对独立的创新环节和创新活动。

大疆无人机就是一个很好的例子。汪滔从小就是一个航模爱好者，因为对航模感兴趣，汪滔进入了无人机的研发领域。最早的无人机被用于航拍，它和其他航拍器无异。但汪滔将无人机做成了服务机器人，规模化生产，多用途应用，彰显了产业创新在科技成果产业化中不可或缺的作用。

在创新驱动发展的大背景下，越来越多的制造型、服务型企业向科技型企业转型，越来越多的初创企业成功发展为科技型企业，企业实现了从生产链主导到创新链主导，并实现创新链全流程整合。

企业自主创新和科技成果转化都要通过产业化，即产业创新，将科学技术转变为现实生产力，或新产品和新服务，其重要性不言而喻。企业自主创新的科技成果在企业内部产业化，有着较高的效率。科技成果转化要求打通供需双方的匹配渠道，建立以企业为主导、以需求为牵引，产学研深度融合的科技成果转化机制。

过去很长一段时间里，大部分企业缺乏自主创新能力，科技成果转化在我国成为重要的产业化途径。而深圳这个年轻的城市，在科技创新资源缺乏的背景下，走出了一条以企业（家）自主创新为源头和动力，以产业创新积累财富、反哺并推动科技创新的道路。

创新第一城的"天时、地利、人和"

深圳成为中国创新第一城,是深圳奇迹的核心。深圳奇迹、创新之城,是在什么样的"天时、地利、人和"的条件下形成的呢?在现实生活中,"天时、地利、人和"总是交织在一起,综合起作用。而且,它们要构成一种均势和生态,即创新与产业生态,不能有明显的短板,否则很难形成优势,尤其是创新的优势。

1. 深圳的"天时、地利、人和"指什么

(1)天时:改革开放

深圳最大的"天时",就是改革开放,建立经济特区。"改革开放"是深圳成为中国创新第一城的必要条件。

经济特区,特殊在经济体制。在全国其他地区还是计划经济体制的时候,深圳就领先其他城市一步,率先施行社会主义市场经济体制,尽管当时还是比较粗放的市场经济体制。但是,市场经济最基本的条件——分散决策,激发了所有市场主体的活力和创造力。分散决策是经济活动最基本、也最难得的条件,也是深圳这座创新之城的初始基因。

(2)地利:与香港一河之隔

深圳最大的"地利",就是深圳与香港一河之隔。虽然现在深圳的经济总量已经超过香港,产业创新的优势也大大

超过了香港，但是，20世纪八九十年代深圳形成的"贸易—工业—技术"模式，就是建立在从香港转口贸易⊖基础上的。从某种角度上讲，深圳产业和创新的"第一桶金"是来自香港的。时至今日，香港仍然是全球最具有竞争力的金融中心之一，仍然有多所排位在全球前100的高等院校，仍然是全球营商环境最好的城市之一。深港合作、融合发展，是深圳的未来，也是香港的未来。

（3）人和：广府文化融合移民文化

深圳最大的"人和"，就是深圳的文化优势。深圳由两个小市镇——深圳镇（今罗湖一带）和南头镇（今前海一带）发展而来，深圳最早也是最重要的一条大道——深南大道，就由此得名。

在过去的40多年里，深圳的人口主要是来自移民，而不是来自原住民的繁衍。移民文化的包容是深圳文化的内涵。一句"来了就是深圳人"诠释了深圳文化的内涵。深圳的地域文化属岭南文化的亚文化——广府文化。⊜务实是广府文化的"底色"。移民文化叠加广府文化，形成了难以复制的深圳创新文化。

2. "天时、地利、人和"的组合

"天时、地利、人和"的组合为深圳成为创新第一城提

⊖ 又称中转贸易，是一种贸易类型。
⊜ 广东三大文化之一，广府文化以珠江三角洲为通行范围。

供了两个必要条件和两个充分条件。

第一个必要条件是深圳成为经济特区。1980年深圳成为经济特区，这使深圳有了一个特殊的更接近市场经济的体制，这是其创新发展不可多得的条件。

第二个必要条件是深圳拥有大量的人才。20世纪80年代的深圳，与以前的美国相似，人才主要来自移民。但是，如果深圳不成为经济特区，也就吸引不了大量的人才。所以，在这两个必要条件中，第一个必要条件比较重要。

另外深圳成为创新第一城还有两个充分条件：区位与亚文化。

两个充分条件和两个必要条件一起，共同形成影响深圳创新之城的基础性条件。这些条件相互交织，产生"化学反应"，形成相对均衡的态势，才有了今天深圳的创新生态、产业生态和现代化产业体系。

不同于当时的汕头、珠海和厦门等经济特区，深圳几乎是一张"白纸"。但是深圳的区位条件比较独特。对面的香港为其带来了较多发展的可能，这在经济特区建立之初是十分难得的机遇。

深圳的市场、产业发展的自由度、较低的进入门槛等因素使深圳在较短时间内能吸引一批市场主体。他们在几乎"手无寸铁"的情况下，大多先通过在香港做转口贸易，赚到了"第一桶金"。此后，他们中的那些具有企业家精神的人，尤其是那些既受过良好教育，又具有企业家精神的人，开始创办实业。

在进入规模化生产以后，技术研发、产业创新的必要性和可能性都显现出来。同样是具有企业家精神的那些人，他们开始关注并从事技术研发。华为、比亚迪和迈瑞等一批现今的高科技企业的创始人，大抵都走了这样的发展道路。

"贸易—工业—技术"简称"贸工技"，是早年东亚和东南亚一些国家走过的道路、形成的模式，它们在深圳并无什么特别地又一次"上演"。

如果说深圳有什么特别之处，那就是发生在进入创新驱动阶段以后的事情了。

早年的深圳没有大学，更没有好大学。那么，如何解释深圳拥有大量的创业创新的人才资源呢？建立经济特区后的一个较长时期内，深圳的人才都来自移民。按照现在划分劳动和人力资本（人才）的常用标准——平均受教育年限，深圳移民中有相当一部分，他们的平均受教育年限是高于全社会均值的。也就是说，在深圳发展的早期及后续较长的一段时期内，其人才就存在于移民之中。

深圳的移民与特区体制有关，也与区位有很大的关系。

深圳毗邻香港这个国际化大都市，背靠珠三角腹地，无论是当年的转口贸易，还是今天的科技创新和成果产业化，香港和珠三角其他城市，如东莞、中山和惠州等，都对深圳产生了积极的作用。

广府文化有助于创新创业，在深圳得到了深刻的诠释。

在一个只有镇级建制的地方搞经济特区，最需要的就是人，而它的特殊体制和优越区位，使一批冒险家、创业者涌入了这里。移民和他们身上特有的自力更生精神在这里汇聚，形成了不可多得的创新文化。他们来到的这个地方，地处珠三角，是岭南文化的亚文化——广府文化的地域。

广府文化是务实、低调的文化。移民带来的创新文化叠加区位特有的务实文化，它们造就了什么？那就是深圳无处不在涌动着的创新创业活力，就是包容大气的创新生态，就是占比高居中国城市榜首的战略性新兴产业。文化优势深刻地影响着经济活动的投入要素和运行机制，塑造着社会生活中个人与组织的行为和价值取向，其作用有着渗透性和延续性。尽管深圳的一些特殊性不可复制，但其创新文化，以及在创新文化中孕育出来的创新和产业生态，在中国的许多城市中都会呈现出一定的共性，是可以被学习和效仿的。

3. 深圳的创新与产业生态

建设现代化产业体系的过程表明，影响其发展最为重要的因素是创新和产业生态系统。与产业发展相关的重要因素，如人才、产业链供应链、营商环境和金融服务等，都可以在创新和产业生态的框架中得到解释。与其他城市比较，深圳新兴产业发展最为显著的优势，就在于它的创新和产业生态系统。

生态系统是生态学中的概念，借用到创新和产业领域，是指在一定的区域范围内，各个创新主体、创新环节和创新因素之间组成的相互联系和依赖的生态链。不同要素与行业间创新链和产业链的组合，形成了区域创新和产业生态圈。创新和产业生态的机理是大致相同的（见图3-1）。它们的主要区别是，在创新生态系统中，主体是初创企业，即从0到1的企业；在产业生态中，主体是全部企业。

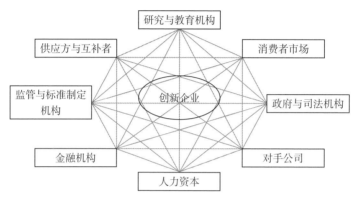

图 3-1　创新和产业生态系统

资料来源：该图引自《创新经济学手册（第一卷）》（上海交通大学出版社，2017年版）第16章"技术创新和公司理论：企业层面知识、互补性和动态能力的作用"。作者给出了一个"创新生态系统"示意图，并对创新生态做了比较深入的分析。我们将创新生态延伸到产业生态，将此图的名称改为"创新和产业生态系统"。

　　创新和产业生态是一种崭新的创新范式。与此前的机械式、靶向式和精准式创新范式不同，这种范式具有多样性、开放性、自组织性和动态性的特征。如果将之前的创新范式比作目标明确的"工厂"，那么，创新和产业生态范式就是众多"物种"杂居、有可能产生新"物种"的"雨林"。

在"雨林型"的创新和产业生态中，新的科技创新成果会在一定的概率下产生。创新成功的绝对数既与创新主体有关，也与创新和产业（产业化或量产）生态有关；创新的成功率只与创新和产业生态有关。当创新和产业生态为既定时，创新主体数量越多，质量越高，成功结果就会越多；当创新主体的数量和质量为既定时，创新和产业生态的质量就决定着创新成功率的高低。

观察和数据均表明，人群中风险偏好高、组织才能强、性格特质适合创新创业的人，是一个小众人群，近似于常数。因此，对于创新成功和产业化来说，生态是一个相对更加重要的问题。对于政府和社会有关方面来说，需要更加关注的是创新和产业生态。唯有在好的创新和产业生态中，人们创新创业的意愿才能够得到提高，创新创业成功率才能够得到提高，创新成果产业化的数量和质量也才能同步提高。深圳战略性新兴产业发展达到国内的最高水平和国际的较高水平，这都与其创新和产业生态息息相关。

深圳的创新模式及其产业创新

如前文所述，深圳在科技创新资源缺乏的背景之下，走出了一条以企业（家）自主创新为源头和动力，以产业创新积累财富、反哺并推动科技创新的道路。深圳产业创新的特征源于其创新模式。

由于初始条件不同，改革开放以来，中国的科技创新主要是沿着两条路径前行的。其一，科研机构主导的科技创新模式。其二，企业主导的科技创新模式。前者以"大院大所"云集的北京、上海为代表，那里的科技创新需求主要来自"大院大所"或政府科技、教育和产业主管部门，做出成果再寻求转化。后者以深圳为代表，它的科技创新需求主要来自市场，也就是来自企业自身。企业的科技创新主要是指产业创新，即在新产品、新服务产业化过程中的创新活动。

在过去很长一段时间内，人们基本没有产业创新的概念，科技创新和产业创新之间的关系也比较模糊。近些年来，这一状况得到了改变。人们逐渐认识到，科技创新和产业创新处于创新链的不同端点，它们既紧密连接又各有取向。将产业创新作为相对独立的环节，并明确其与科技创新的关系，是创新认知上取得的重要进展。

2023年11月30日，习近平总书记在上海主持召开深入推进长三角一体化发展座谈会时强调"大力推进科技创新，加强科技创新和产业创新深度融合，催生新产业新业态新模式，拓展发展新空间，培育发展新动能"。总书记的这段话明确了科技创新与产业创新之间的关系，以及产业创新的地位和作用。

从一定意义上来讲，对产业创新环节的确认，充分认识到产业创新对发展新产业新业态新模式的作用，是对深圳创新模式的肯定。总体来看，深圳在其创新模式的基础上所形成的产业创新具有以下三个方面的特征。

1. 企业真正成为自主创新主体

多年来，关于深圳的创新活动有六个 90% 的说法：90% 以上的创新型企业是本土企业；90% 以上的研发机构设立在企业；90% 以上的研发人员集中在企业；90% 以上的研发资金来源于企业；90% 以上的职务发明专利出自企业；90% 以上的重大科技项目发明专利来源于龙头企业。这充分表明，在深圳，企业已经成为自主创新主体。

尽管全国其他城市关于上述内容的占比大多没有 90% 那么高，但是，它们的比重正在不断提高，这是不争的事实。企业会根据自身的需求，按照市场化的方式组织创新攻关，做到创新资源配置成本最低，由此获得最大化的创新效益。实践表明，企业成为创新主体，将有助于形成市场化、高效率的创新模式。

早在 2005 年，深圳市科技局（现在改名为深圳市科技创新局）做过一项调研，结果表明，深圳 97% 的科技公司都是通过需求导向模式开展创新的。目前，深圳崛起了众多各种规模的高科技公司，而且，深圳的高科技公司绝大多数都是民营企业。深圳已经形成了比较完善的整合科技创新与产业创新于一体的创新生态，产生了一批创新和新兴产业集群。

以深圳为代表的企业主导的自主创新模式，有着高于其他创新模式的创新效率。2021 年，在 GDP 总量超过 5000 亿元的 54 个城市中，深圳在反映城市技术创新能力的每一万人授权专利数量方面位居第一，这就是一个证明。以经济学家的观点，创新效率决定着创新成果的质量和创新活动的可持续性。

2. 科技型企业形成创新链的全流程整合

在创新驱动发展的大背景下，越来越多的制造型、服务型企业向科技型企业转型，越来越多的初创企业成功发展为科技型企业，进而实现从生产链主导到创新链主导，并实现创新链的全流程整合。

近几十年来，科技型企业深度涉入基础研究和应用基础研究，成为趋势性的现象，这在很大程度上决定了国家科技创新能力的建设和提升。随着科学技术和社会经济的发展，基础研究的内涵不断丰富，应用基础研究成为基础研究的一个重要的组成部分，是创新链的有机组成部分。科技型企业形成从基础研究、应用基础研究到开发试验研究，再到成果产业化的创新链的全流程整合。

企业从科技创新决策、研究开发投入、科研活动组织、成果产业化的全链条，对战略、资本、项目、平台、数据、人才及政策等关键资源进行系统布局，一体化推进科技创新、产业创新和体制机制创新，形成以企业为主体，产学研有效协同的创新链，并以科技型企业、专精特新企业的创新链解决产业链供应链的堵点和痛点，实现产业链供应链的补链强链。

以华为、比亚迪、大疆为代表的深圳科技型企业，以及一大批专精特新企业，已经或正在形成创新链及其全流程整合，它们为加快建设现代化产业体系做出了自身的贡献。

3. 科技型企业深度涉入应用基础研究

长期以来，我们将研发工作分为三类：基础研究、应用研究和试验开发。

基础研究是指一种不预设任何特定应用或使用目的的实验性或理论性工作，其主要目的是获得已发生现象和可观察事实的基本原理、规律和新知识。

应用研究指为获取新知识，达到某一特定的实际目的或目标而开展的初始性研究。应用研究是为了确定基础研究成果的可能用途，或确定实现特定和预定目标的新方法。

试验开发是指利用从科学研究、实际经验中获取的知识和研究过程中产生的其他知识，开发新的产品、工艺或改进现有产品、工艺而进行的系统性研究。现行统计制度关于R&D经费的划分，相应地分为基础研究经费、应用研究经费和试验开发经费三个部分。

时下研发活动的现实表明，上述统计分类和R&D经费分类，滞后于科技型企业的实践。应用基础研究正在不断地适应科技创新和产业创新的快节奏和高频率，以满足战略性新兴产业和未来产业发展的现实需要。

因此，我们有必要将基础研究分为纯科学研究与应用基础研究两个部分。国家科研机构和高等院校承担的基础研究，主要是纯科学研究部分。科技型企业开展基础研究活动，无疑要受企业自身发展需求的驱动，大多具有明确的应用目的，它们所从事的应用基础研究是创新链的有机组成部分。在科技型企业的研究开发活动中，加大应用基础研究的比重，已经成为建设现代化产业体系的题中应有之义。

根据深圳市统计局发布的《2021年深圳市科技经费投入统计公报》显示，2021年深圳基础研究经费投入122.02亿元，比2020年增加49.13亿元，位于北京、上海之后，跃居全国大中城市第三位。根据深圳政府在线政务公开信息显示，2021年，深圳市基础研究经费增长67.4%，继2020年增长111.9%后，连续两年保持超高速增长。其中，企业基础研究经费增长110.8%，比全市基础研究经费增速高43.4个百分点，是拉动深圳市基础研究经费高速增长的重要力量。在全部基础研究经费中，企业基础研究（大多为应用基础研究）经费79.84亿元，占比为65%，居全国大中城市首位，且为全国企业基础研究经费总量的47.9%。尽管这一数据有点出乎意料，但却夯实了深圳作为我国创新之都的坚实地位。

本章参考资料

[1] 马歇尔. 经济学原理 [M]. 朱志泰，陈良璧，译. 北京：商

务印书馆，2019.

[2] 熊彼特.经济发展理论：对于利润、资本、信贷、利息和经济周期的考察 [M].何畏，易家详，等译.北京：商务印书馆，2011.

[3] 熊彼特.资本主义、社会主义与民主 [M].吴良健，译.北京：商务印书馆，1999.

[4] 陈启文.为什么是深圳：长篇报告文学 [M].深圳：海天出版社，2020.

[5] 张克科，刘字濠.深港科技创新口述史：河套的前世今生与深港合作 [M].北京：新华出版社，2023.

[6] ROMER P M .Increasing returns and long-run growth[J]. Journal of Political Economy, 1986, 94(5): 1002-1037.

第四章

中国创新之城

—

在第二章中我们从多个维度构建了全球城市产业创新评价指标体系，以测度全球 27 个知名创新型城市的创新水平。结果显示，在超大规模城市中，深圳、旧金山、北京、纽约和伦敦是全球产业创新能力最强的 5 个城市。那么，这种创新集聚在大城市中的特征究竟是一个偶然现象还是普遍性规律呢？在第四章中，我们将讨论重点聚焦到国内，试图从中国的视角来解答这一问题。

我们先从理论层面探讨中国创新之城形成和发展的内在逻辑，然后基于城市专利大数据分析中国创新之城的时空分布特征，最后从政策角度，以国家创新型城市建设为切入点，阐述政府主导的创新政策与城市创新之间的关系。

中国创新之城的形成逻辑

就创新之城的形成逻辑而言，已有大量关于城市创新的相关研究显示，创新之城的打造与一个城市自身的地理区位特征密切相关，创新之城的形成逻辑根植于区位禀赋，但又各有千秋。

一个城市的水文、耕地、海拔高度、气候以及交通便利性等地理链接能力都会影响它的创新，具有一定的地理区位优势是打造创新之城的必要条件。基于此我们认为：中国创新之城将主要分布在地理区位条件更为优越的东部沿海地区，且从东部沿海往中西部地区创新水平依次递减。

由于创新与人的创造性思维高度相关，特别依赖于人与人之间思想火花的碰撞，因此创新在很大程度上将与创新最活跃的"人口"要素在城市的分布保持一致。进而，我们认为创新将在人口大量聚集的中国大城市高度集聚，即大部分城市创新产生于少数头部大城市。

由于不同的城市所具备的创新的初始禀赋以及后天培育的创新都各有不同，因此，创新之城也不会是一个模子刻出来的，它们有着各自不同的特色。参考科技部中国科学技术信息研究所的研究，从创新之城的类型来看，按照城市原有的或在历史发展过程中形成的创新禀赋差异，可以将创新之城划分为如下的五类。⊖

1. 科教资源富集类

科教资源富集类的创新之城，如南京、武汉、广州、西安等，其高校及科研院所资源十分丰富。科学、技术、工程以及数学等专业排名靠前的高校或科研院校，能够产生很多原创型创新，为产业界源源不断地输送先进的技术，同时本地大学本身就有天然的优势，能够更好地为本地企业输送最宝贵的人才资源，这是创新最重要的要素之一。

2. 产业技术创新类

产业技术创新类的创新之城，如深圳、东莞、无锡、宁

⊖ 分类标准参考科技部中国科学技术信息研究所 2020 年发布的《国家创新型城市创新能力评价报告 2019》。

波等，拥有较好的产业创新基础，集聚着大量的高新技术企业，企业之间的交流和联动能够产生显著的创新规模效应和溢出效应，这会进一步推动企业成为这些城市的创新主导。

3. 创新创业活跃类

创新创业活跃类的创新之城，如长沙、杭州和成都等，是正在崛起的网红城市，它们以较低的生活成本和多样化的服务业吸引了大量的年轻人。最有激情的创新要素——"年轻人"聚集在一起，他们不断产生思想的交流和碰撞，同时以城市为试验场开启自己的思维实验，创新创业的热情自然就会提高，这也造就了这类城市的突出特点——"民营经济特别是新兴行业发展迅速"。

4. 开放协同创新类

开放协同创新类的创新之城，如苏州、昆明和贵阳等，具有一定的地理区位优势。例如，有的城市是省会城市或者区域综合性节点城市，但其科教资源不足，因此只能通过外部链接的方式借势，通过外面的智力资源来实现本区域的开放协同创新。

5. 绿色发展类

绿色发展类的创新之城，如湖州、太原和马鞍山等，以"绿水青山就是金山银山"为创新的第一原则，在推动创新的过程中非常关注对环境的影响，注重单位地区 GDP 能耗的降低和空气质量的改善。

　　了解完创新之城的形成逻辑后，我们以上海为创新之城的典型案例，从其天生的区位优势特征、后天特色化的人才吸引和制度保障措施等方面来展现中国创新之城是如何形成的，详见创新专栏 4-1。

◎ 创新专栏 4-1

"创新之城"的典型示范：上海

　　2023 年 5 月 28 日一条振奋人心的新闻传遍祖国大江南北：中国大飞机 C919 首航成功，C919 大型客机于 10 时 32 分从上海虹桥机场起飞，12 时 31 分顺利抵达北京首都国际机场，穿过"水门"仪式。从 2007 年 C919 项目在上海立项到 2023 年首架 C919 开启商业飞行，这 16 年间，C919 从飞机模型到有 158 ～ 192 个座位、航程 4 075 ～ 5 555 千米的大飞机，开启了航空产业新纪元。

　　科创圈到现在还流传着这样一句话："在中国，只有上海这个城市，既能造飞机，又能造汽车，还能造火箭和大型邮轮。"国家统计局数据库数据显示，2023 年 1 ～ 8 月，上海新能源汽车产量 82.12 万辆，超过"卫冕冠军"——西安 20 万辆，而在 2023 年上半年双方的这一差距还是 18 万辆。上海的领先优势持续扩大，夺回了"新能源汽车第一城"的称号。

在 2023 年浦江创新论坛开幕式上，上海市委领导表示，"站在新起点上，上海要勇立潮头、奋楫扬帆，把激活创新动力作为深化改革开放的核心指向，从科技创新的全过程、全链条出发强化创新策源功能，在推动科技现代化上取得更大突破"。

纵观上海创新发展史，在基础研究方面，截至 2023 年，上海布局建设重大科技基础设施 20 个，并且光源二期已全面建成。2021 年，上海全社会基础研究投入达 177.73 亿元，占研发投入的比重近 10%，较五年前翻了近一番（2017 年为 92.51 亿元）。

在产业发展方面，近年来，上海着力建设集成电路、生物医药和人工智能三大先导产业创新高地，推动三大先导产业规模实现倍增，达到 1.4 万亿元。同时，上海还积极布局未来健康、未来智能、未来能源、未来空间和未来材料五个未来产业。尽管在各个方面水平上可能参差不齐，但上海拥有研发、制造、销售、应用、全球要素配置能力等创新链上的几乎所有功能。

那么，是什么驱动了上海成为创新之城呢？

首先，在这个创新框架里，上海独特的地理位置优势至关重要。

有研究指出，水文、耕地、海拔高度以及当地气候等地理条件因素，决定了哪些地方能够发展成为城市，而城市的交通便利程度，又决定了哪些城市能够发展成为大城市。

陆铭教授团队通过定量研究进一步发现："中国城市之间 GDP 差异的近 40% 可以用到沿海三大港口（上海、深圳、天津）的距离来解释，城市货运指数的 29% 可以用到沿海三大港口来解释。"同时，上海有一个别的地方没有的优势条件——长江入海口，上海是长江这条有超强运输能力的河流汇入大海，连接国内和国际两个大市场的地方。因此上海被赋予了"国内大循环的中心节点和国内国际双循环的战略链接"的使命。

　　其次，人才的重要性再怎么强调也不为过。

　　谈到人才政策，实质上我们第一时间想到的是，其实上海也没有采取很"优厚"的吸引人才的补贴政策，甚至还比不上其他城市。那么人才为什么还源源不断地集聚到上海来呢？思来想去，上海吸引人才最重要的就是在拥有充足工作机会的基础上，充分尊重人的差异性，正如费孝通先生所言，"各美其美，美人之美，美美与共，天下大同"。

　　可能有的人很难理解为什么那么多的上海白领喜欢喝咖啡。实质上，咖啡文化是海派文化与上海记忆的重要载体，与上海开放、包容、创新的城市品格浑然天成。你只要到上海咖啡馆，就会发现咖啡馆有大量三五成群的人，尽管他们服装各异，甚至混杂着各种语言。但有一个共性就是他们眼里有光，聊起他们的项目眉飞色舞，聊着聊着信息就交互了，思想就碰撞了，创新创业的机会就产生了。

　　最后，关于创新的制度保障也是不可或缺的。

围绕服务于降低创新的"交易成本",上海政府进行了一系列政策创新与尝试。以上海强化科技创新策源能力为例,科技创新是一个全链条,某一个环节"掉链子"都会让科技创新策源止步不前。

早在 2003 年,上海就率先开始学习硅谷模式,基于高校创新策源优势,将"斯坦福-硅谷"模式落地生成为"复旦、同济-杨浦"模式。目前据此打造的杨浦大创智创新发展示范园区已被评为国家级文化产业示范园区,占地面积不过 8 平方千米的示范园区,拥有超过 4 500 家企业,包括哔哩哔哩、抖音、声网、叠纸科技等龙头企业。在杨浦大创智创新发展示范园区甚至有"上下楼"就是"上下游"的口号。

北有杨浦,南看闵行。闵行"大零号湾"科技创新策源功能区也已起航,2015 年"零号湾"在紧邻上海交通大学的西北角启动建设,经过不断发展,最初的"零号湾"实现"从 0 到 1"的跨越,连同闵行区"环上海交大、华东师大"核心区域约 17 平方千米拓展为"大零号湾"。截止到 2023 年 2 月,"大零号湾"已建成投用高能级科创载体18 个,入驻硬科技企业 3 000 余家,开放式科创街区初具规模。

资料来源:上观新闻,与纽约伦敦等全球城市竞技,下一程,上海的后劲在哪里?[EB/OL].(2022-10-11).
上观新闻,又见外滩大会 [EB/OL].(2023-09-07).

中国创新之城的时空分布

我们将基于中国部分城市专利大数据，来了解中国不同城市间的创新空间分布及其特征规律。例如，中国创新之城主要分布在地理区位条件更为优越的东部沿海地区，且从东部沿海往中西部地区创新水平依次递减。创新将在人口大量聚集的中国大城市高度集聚，即大部分城市创新产生于少数头部大城市，等等。

在第四章的内容里，我们主要使用中国地级及以上城市的专利申请受理量来对中国城市专利规模的分布及演化特征进行刻画，以揭示中国创新之城的分布特点及演变。⊖需要注意的是，第四章中提到的城市专利主要包括发明专利、实用新型专利、外观设计专利三类，相关原始数据主要来源于中国知网、中国专利全文数据库、《中国城市统计年鉴》等。经过筛选和处理我们分析出 2005 ～ 2022 年 287 个中国城市的专利规模数据，并得出 18 年来中国部分城市专利规模的描述性统计情况（见表 4-1）。

表 4-1 中国部分城市专利规模的描述性统计

变量	均值	最小值	最大值	中位数	标准差
发明专利	2 347.53	0	158 295	270	8 246.16
实用新型专利	3 210.91	0	145 941	593	9 100.06
外观设计专利	1 235.41	0	75 383	170	3 946.22
专利规模	6 793.85	1	309 089	1150	19 771.35

注：因存在四舍五入，各项数据加总后的结果与最后结果不同。

⊖ 因为统计口径的原因，第四章中所提到的与中国城市相关的数据，均为中国大陆地区的数据，暂未包括港澳台地区的数据。

从量的飞跃到质的提升

总体来看，中国城市专利规模实现了从量的飞跃到质的提升。

图 4-1 展示了 2005 ～ 2022 年中国部分城市专利规模的演变情况。总体来看，2005 ～ 2022 年，中国城市的专利规模呈现快速上升趋势，由 2005 年的近 21 万项增长至 2022 年的 309.59 万项，累计达到 3 507.7 万项。

分阶段来看，在 2020 年及以前，城市专利规模呈现出稳步增长的趋势，2021 ～ 2022 年则呈现出下降的趋势。其中，2020 年城市专利规模达到峰值，为 469.67 万项。

从增速来看，2006 ～ 2012 年城市专利规模保持高速增长的态势，年均增长率为 31.85%。2013 年，由于实用新型专利和外观设计专利规模增速的大幅下降，城市专利规模的增速也快速下降至 5.78%。2014 ～ 2020 年城市专利规模增速有所回升，年均增长率为 17.79%。2021 ～ 2022 年，可能是受到疫情的冲击，中国城市专利规模出现负向增长的趋势，2022 年断崖式下跌至 −30.45%。

从不同专利类型来看，2005 ～ 2022 年，实用新型专利（见图 4-2）在专利申请规模中占比最大，18 年间累计达到 1 658.76 万项，占比为 47.29%；其次为发明专利，累计达到 1 212.73 万项；外观设计专利规模最小，累计申请受理量为 638.21 万项。

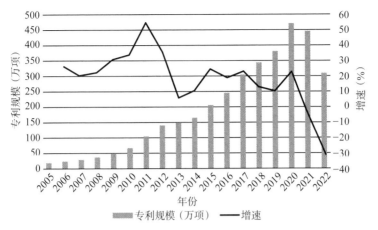

图 4-1　2005 ～ 2022 年中国部分城市专利规模及其变化趋势

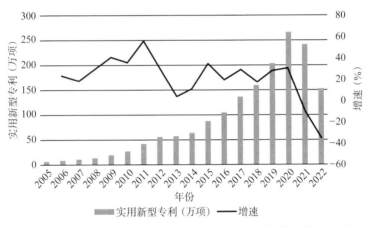

图 4-2　2005 ～ 2022 年中国部分城市实用新型专利规模及其变化趋势

　　从发展态势上来看，2005 ～ 2018 年中国部分城市发明专利规模呈现出稳步增长趋势，2019 年发明专利规模首次呈现负增长，2020 年稍有回升，2021 ～ 2022 年增速再次转负，出现断崖式下跌的情况（见图 4-3）。2005 ～ 2020 年城市实用新型专利规模不断增长，2021～2022年其规模则开始出现回落；相对于其他两种专利类型，外观设计专利规模的发展态势波动更为剧烈，2005～2012年呈现出增长态势，2013年则大幅下降，2014～2021年其保持缓慢增长的态势，2022年则又出现下跌的情况（见图4-4）。

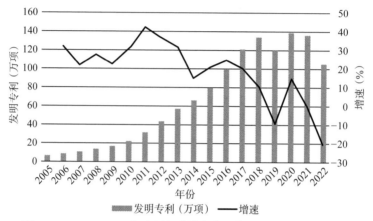

图4-3　2005～2022年中国部分城市发明专利规模及其变化趋势

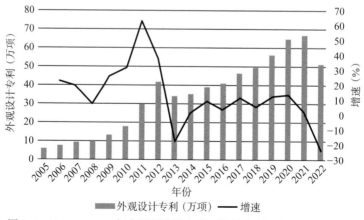

图4-4　2005～2022年中国部分城市外观设计专利规模及其变化趋势

　创新之城：谁在引领强城时代

多年来我国城市专利规模处于不断扩张的态势，这与国家实施的一系列创新追赶战略密不可分。我国于 1984 年正式颁布《中华人民共和国专利法》，之后专利规模开始加速增长。在加入 WTO 后，面对发达国家的创新优势挑战，我国于 2002 年实施"国家专利战略推进工程"。进一步，2008 年，国务院印发《国家知识产权战略纲要》，正式确立以鼓励专利发展为核心的创新追赶战略。自此之后，我国专利的申请量与授权量出现"爆发式增长"，在 2012 年已经位居全球专利申请量首位（张杰和郑文平，2018）。

在创新追赶战略下专利规模暴增现象的背后，是否代表着我国专利质量与创新能力的实质性提升呢？这一问题备受国内外媒体与学者的关注。

2013 年，汤森路透公司发布全球创新报告，对亚太地区重要产业领域的发明专利申请进行统计。报告指出中国企业在多数行业内处于中下游水平，这说明尽管我国已经成为专利大国，但离专利强国还有距离。也有国内学者研究指出，我国企业专利创新存在着追求"数量"而忽略"质量"的"策略性迎合"现象，在全球技术链中面临着"低端锁定"的困境（黎文靖和郑曼妮，2016）。

面对我国专利这种"量大质低"的状况，国家知识产权局于 2013 年公布了《国家知识产权局关于修改〈专利审查指南〉的决定》，主要目的在于防止授权无明显创新性的实用新型专利和外观设计专利的申请。之后又发布了《国家知识产权局关于进一步提升专利申请质量的若干意见》，强调了提升专利申请质量的紧迫性与重要性，并对现存问题提出解决措施。

自从我国开始直面在创新追赶过程中存在的现实问题，陆续实施一系列提升专利质量的政策以来，我国专利规模的增长速度就受到了一定的影响。最直观的是，2013 年外观设计专利申请量出现负增长的现象，这说明专利质量提升政策在一定程度上遏制了"泡沫专利"的申请，使专利规模增速减缓，这标志着我国的知识产权工作正在从追求数量向提高质量转变。

东高西低且高度集聚

目前中国城市专利规模在空间上呈现东高西低且高度集聚的特征。

1. 中国城市专利规模的区域分布特征

依照中华人民共和国国家发展和改革委员会的解释，我们按照不同城市所属的省份将我国城市分为东部、中部、西部城市。图 4-5 为 2005 ～ 2022 年我国东部、中部、西部城市专利规模的变化情况。从图 4-5 中，我们能很直观地看出东部城市的专利规模最大，且中部、西部城市的专利规模与东部城市的专利规模差距较大，东部城市的专利规模在全国的占比均在七成以上。

整体来看，东部、中部、西部三大区域的城市专利规模波动趋势基本一致，2005～2020年均呈现增长趋势，2021～2022年则呈现下降趋势。

具体分区域来看，2005～2011年，东部城市的专利规模增速较缓，2011年之后，增速开始迅速提升，且中部、西部城市与东部城市的差距进一步拉大，2020年达到最高峰。东部城市的专利规模增加至336.57万项，相较于2005年的16.37万项，增加了320.2万项，年均增速为22.91%。2021～2022年，专利规模出现回落，2022年降至219.29万项，下降幅度为31.2%。

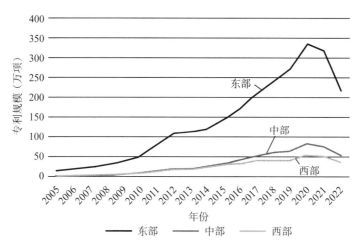

图4-5　2005～2022年我国东部、中部、西部城市专利规模的变化趋势

对于中部、西部城市而言，2005～2014年，两个区域的专利规模相差不多，中部城市略高于西部城市。2015年之后，中部、西部之间的专利规模差距逐渐拉开。2015～

2020年，中部城市的专利规模仍然稳步增长，年平均增速为21.41%，2020年增至81.39万项。西部城市的专利规模增长趋势则更为平缓，年平均增速为15.93%，2020年增至51.71万项。2021～2022年，与东部城市的发展趋势一致，中部、西部城市专利规模出现回落，2022年中部、西部城市的专利规模分别降至55.24万项、35.06万项，下降幅度分别为28.01%、28.4%，且仍然与东部城市存在较大的差距。

总体上来看，我国城市专利规模呈现出"东高西低"的区域差异分布特征。结合实际情况来看，相较于中部、西部城市，东部城市具有地理位置优势，且经济发展水平较高，更能吸引研发人员，能够集聚更为丰富的创新资源与研发要素，可为城市专利的创新与发展提供驱动力。相对于西部城市，中部城市则因为毗邻东部城市，可在发挥自身资源禀赋优势的基础上，享受到东部城市研发要素的溢出红利，进而逐步拉开与西部城市的专利规模差距。

2. 中国城市专利密度的空间分布格局

通过收集一个城市的常住人口数据，基于此计算这个城市每一万人专利规模指标，从而得出这个城市的专利密度，我们以此为基础来分析城市专利密度的空间分布格局。

在研究中，我们运用自然断点法将2005～2021年⊖我国部分城市专利密度水平划分成五个数值区间：高、较高、中、

⊖ 写作此文时，2022年城市常住人口数据尚未公布，因此城市专利密度的数据仅计算至2021年。

较低与低，并采用 ArcGIS 软件对 2005 年、2013 年和 2021 年三个年份的城市专利密度空间演化情况进行可视化分析。

总体来说，我国城市的专利密度分布以胡焕庸线[○]为界，中高值区基本分布在东部沿海与内陆省会城市，在空间上呈现出"东—中—西"梯度衰减格局。

2005 年、2013 年和 2021 年城市专利密度水平的高值区均集中于东部地区。2005 年，城市专利密度水平的高值区仅有深圳市和佛山市两个城市，它们均位于广东省（见图 4-6）。

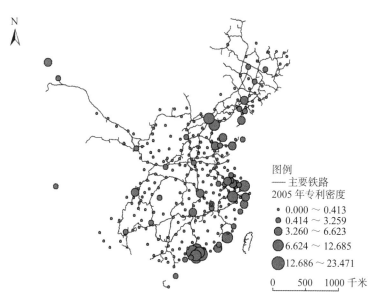

图 4-6　2005 年我国部分城市专利规模密度的空间分布情况

注：为方便读者更直观地看到我国不同城市专利规模密度的空间分布情况，在图 4-6 中我们简单勾勒出了城市之间的主要铁路。

资料来源：作者结合我国部分城市的专利规模密度情况制作而成。

○　中国地理学家胡焕庸在 1935 年提出的划分中国人口密度的对比线。

2013 年，城市专利密度的高值区增加至 9 个，分别为苏州、无锡、宁波、深圳、镇江、常州、北京、中山和杭州，其中有三分之二的高值区城市位于江浙地区，这表明长三角城市群的专利密度水平逐步增加（见图 4-7）。

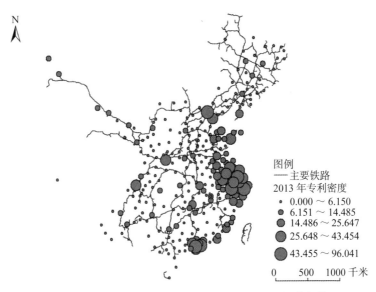

图 4-7　2013 年我国部分城市专利规模密度的空间分布情况

注：为方便读者更直观地看到我国不同城市专利规模密度的空间分布情况，在图 4-7 中我们简单勾勒出了城市之间的主要铁路。
资料来源：作者基于我国部分城市的专利规模密度情况制作而成。

2021 年，城市专利密度的高值区为 9 个，分别为深圳、苏州、珠海、北京、南京、杭州、佛山、常州、无锡，江浙地区的高值区城市有所减少，广东省的高值区城市逐渐增加（见图 4-8）。

对比 2005 年、2013 年和 2021 年中国部分城市专利密度水平的中高值区域（较高值区和中值区），我们发现 2005～2021 年，我国城市专利密度的中高值区呈现出增长趋势，2005 年有 24 个城市专利密度位于中高值区，2013 年增加至 36 个，2021 年增加至 44 个。

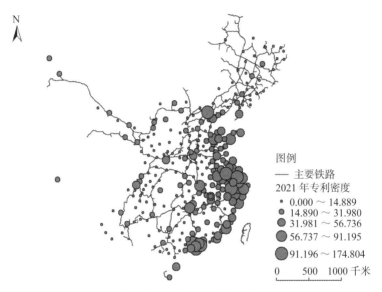

图 4-8　2021 年我国部分城市专利规模密度的空间分布情况

注：为方便读者更直观地看到我国不同城市专利规模密度的空间分布情况，在图 4-8 中我们简单勾勒出了城市之间的主要铁路。
资料来源：作者基于我国部分城市的专利规模密度情况制作而成。

　　在空间分布上，专利密度的中高值区仍主要集中在东部地区，但已初显由东部地区逐步向中部地区铺开的态势。

　　2005 年，中部地区仅有长沙和武汉两个城市的专利密度处于中高值区。到 2013 年，中部地区的中高值区城市增至 7 个，分别为芜湖、马鞍山、合肥、武汉、蚌埠、长沙和铜陵，均处于长江经济带，除了中南地区的长沙和武汉，其余5个城市位于安徽省。

到了2021年，中部地区专利密度的中高值区城市增至9个，分别为武汉、湘潭、合肥、芜湖、长沙、马鞍山、郑州、南昌和滁州，除郑州位于中原地区外，其余8个城市均处于长江经济带，且安徽省内的城市仍然居多。在这三个年份中，西部地区专利密度的中高值区城市均为2个，成都和克拉玛依的专利密度在2005年位于中高值区，西安和成都的专利密度在2013年和2021年位于中高值区。

总的来说，东部地区与中部地区的专利密度水平均有明显提升，而西部地区的发展则较为滞后，城市之间的差距仍在扩大，发展的重心在东部沿海城市。

超越齐普夫法则

为了深入揭示中国城市专利规模分布的空间结构特征，在第四章中，我们将进一步验证其是否遵循齐普夫法则。学术界对齐普夫法则的研究由来已久，具体而言，齐普夫法则的内涵是，一个国家内部的某种经济活动规模（如GDP等）分布服从幂律指数为1的幂律分布。

齐普夫法则是区域经济学中用来研究城市规模分布的著名定律，它能够准确捕捉到空间结构存在的规律性特征（沈体雁和劳昕，2012）。对于能够使用幂律分布来描述城市规模分布特征的规律，最早是由奥尔巴赫（1913）提出的。之后，齐普夫（1949）对这一规律进行了改进和完善，进而形成齐普夫法则，可用下述公式来表述：

$$\ln R_i = -a\ln P_i + C$$

在公式中，R 表示城市人口规模排名，P 表示城市人口规模大小，C 表示常数，下角标 i 表示城市。若 $a=1$，则表明城市规模分布符合齐普夫法则；若 $a > 1$，则表明相较于齐普夫法则，城市规模分布更为分散；若 $a < 1$，则表明相较于齐普夫法则，城市规模分布更为集中。

为准确地验证我国城市专利规模分布是否遵循齐普夫法则，我们对 1985 年、1994 年、2003 年、2012 年、2021 年的城市专利规模数据进行了整理，选取中国大陆部分城市（不包括港澳台地区）专利规模的对数为 X 轴，相应的城市专利规模排名的对数为 Y 轴，对其进行相关的关系分析，分析结果如彩图 6 和表 4-2 所示。

由彩图 6 可以发现，城市专利规模与其排名呈现出负相关的线性关系，且拟合线的斜率随着时间的推移逐渐增大，越来越偏离 −1。

通过表 4-2 我们可以看出，1985 ～ 2022 年我国城市专利规模与其排名关系的 a 值远小于 1，且 1985 ～ 2019 的值在持续降低，尽管 2020 ～ 2022 年稍有回升，但它可能受疫情的影响，是一个暂时性的现象，并且相较于 2021 年，2022 年的 a 值已经有所下降。这说明目前我国城市专利规模分布较齐普夫法则而言更为集中，且呈现越来越集中的趋势，即创新在城市的集聚程度比人口集聚程度更高，显现出"创新集聚之城"的态势。但值得注意的是，在头部大城市，专利的分布相对均匀，还没有出现一家独大的现象，这可能与头部大城市还处在创新竞争的白热化阶段有关。

表 4-2　中国部分城市专利规模与其排名的相关系数

年份	1985 年	1994 年	2003 年	2012 年	2019 年	2021 年	2022 年
相关系数	-0.644 76	-0.596 72	-0.544 36	-0.537 64	-0.528 62	-0.592 88	-0.580 56

国家创新型城市的创新力

分析完中国创新之城的时空分布特征和集聚特征后，我们尝试回答一个大家普遍关心的问题：如何看待政府对城市创新的作用？我们将以国家创新型城市建设为例，来试图解析这一问题。

党的十八大以来，习近平总书记多次强调科技创新在我国现代化建设全局中的核心地位，要坚持把科技自立自强作为国家发展的战略支撑，持续深入实施创新驱动发展战略，大力建设创新型国家和科技强国。

截至 2022 年 9 月，中国发明专利有效量为 408.1 万件，有效商标注册 4 152.3 万件。中国全球创新指数排名从 2012 年的第 34 位上升至 2022 年的第 11 位，中国成功进入创新型国家行列。[⊖]作为创新型国家建设这一国家战略的重要支

　⊖　新华社，十年间我国授权发明专利年均增长 13.8%。

柱和实现载体，2008 年开始的国家创新型城市试点政策具有独特的制度优势与关键地位。

国家创新型城市主要指依托于科技创新、知识创新、体制创新等驱动的高质量发展城市，对于其他城市往往具有一定的溢出效应和引领作用。

一方面，国家创新型城市作为落实创新型国家建设规划的关键平台，具有严格的评选程序和选拔要求。

在评选程序上，国家创新型城市由城市自主申报，在省级主管部门审查后，科技部和国家发展和改革委员会根据明确、严格的选拔和评审指标体系，对申请城市是否符合国家创新型城市的要求给出评估意见，最终确定试点城市名单。

国家创新型城市的评选条件非常严格。例如，在主要工作目标上，要求试点城市加快经济发展方式转变、促进经济社会协调发展等。在具体评价指标上，国家创新型城市的指标体系包括创新要素集聚能力、综合实力和创业竞争力、创新创业环境、创新对社会民生发展的支撑、创新政策体系和治理架构、特色指标 6 个一级指标和每一万名就业人员中研发人员、全社会 R&D 经费支出占地区 GDP 比重、高新技术企业数及占规上工业[⊖]企业数量比重等 26 个二级指标，不仅覆盖了对城市创新能力建设的详细要求，还包含了每一万元 GDP 综合能耗、空气质量达到及好于二级的天数占全年的比重等生态环境指标。

除此之外，科技部和国家发展和改革委员会还会对国家

⊖ 指年主营业务收入在 2000 万元及以上的工业企业。

创新型城市试点建设的名单进行动态调整，根据考评结果建立入选城市的退出机制，这促使入选城市按照要求扎实推进创新型城市试点建设。严格的评审程序、全面的评价指标和动态调整机制成为确保国家创新型城市带动地区创新发展的重要制度保障。

另一方面，入选国家创新型城市能够给城市创新发展带来更多的政策支持。

虽然缺乏直接来自中央政府层面明确的政策优惠，但是省、市两级政府会加大对入选城市科技创新活动的财政投入，加强政府的人才政策和税收优惠政策等对入选城市中企业创新活动的倾斜，提升金融对科技创新的支持能力，促进区域科技创新资源向试点城市的集聚与统筹，等等。$^{\ominus}$

与此同时，建设国家创新型城市也是地方政府近年来加快创新发展的关键抓手，特别是在贯彻新发展理念的要求下，成功建设国家创新型城市也成为体现地方创新发展水平的重要信号。可见，在落实创新型国家建设战略和贯彻创新发展理念的过程中，入选国家创新型城市不仅能够为地区创新发展带来明显的政策利好和重要机遇，为地区实现创新驱动提供有力支撑，还能够产生良好的宣传效应。

正是因为国家创新型城市具有良好的创新示范效应和切实的政策支持，在 2008 年深圳市获批成为第一个国家创新型城市以后，便掀起一股创新型城市争夺热潮，各地区

$\ominus$　各个地区对国家创新型城市的政策支持存在一定差异，但上述四个方面是各地优惠政策均会涉及的内容。

开始争相申请国家创新型城市建设试点。据相关统计，截至 2022 年，全国已经有 103 个城市先后入选国家创新型城市试点建设。[⊖]

那么随之而来的问题是，中国这样大规模的创新型城市建设究竟产生了什么影响呢？我们将从创新水平和经济增长两个维度来剖析国家创新型城市建设对城市创新发展的影响。

1. 国家创新型城市建设对城市创新水平的影响

我们利用 2008 年开始的国家创新型城市试点这一政策冲击，运用 2003～2016 年我国 200 多个地级市的面板数据，使用双重差分方法评估了国家创新型城市建设对城市创新水平的影响。其中，城市创新水平用城市创新指数和城市专利规模来测度，城市创新指数数据来源于复旦大学产业发展研究中心、第一财经研究院、复旦大学中国经济研究中心·智库共同发布的历年《中国城市和产业创新力报告》，该数据自发布以来已经得到研究者的广泛认同和使用（寇宗来和刘学悦，2017）。城市专利规模数据来源于中国知网中国专利全文数据库。中国知网中国专利全文数据库共计收录专利4 464.45 万项，包括发明专利、实用新型专利、外观设计专利等，能够较为准确地反映中国各个城市的专利发明情况。

如表 4-3 第（1）～（2）列回归结果所示，在控制了城市固定效应、年份固定效应、城市所在省份的时间固定效应以及其他可能影响城市创新水平的因素后，国家创新型城市

⊖ 具体名单可见中华人民共和国科学技术部网站。

建设对城市创新指数的回归系数在1%统计水平上显著为正，这表明国家创新型城市建设能够显著提升试点城市的创新指数。第（3）列和第（4）列的结果则显示，国家创新型城市建设对城市专利规模的回归系数在1%统计水平上显著为正，这表明国家创新型城市建设能够显著提升试点城市的专利规模。综合上述分析，我们可以发现国家创新型城市建设对城市创新具有显著的推动作用。

表 4-3　国家创新型城市建设对城市创新的影响

	（1）城市创新指数	（2）城市创新指数	（3）城市专利规模	（4）城市专利规模
国家创新型城市建设	12.111***[1] （3.863）[2]	13.198*** （4.348）	4 162.055*** （3.995）	4 127.012*** （3.845）
人均GDP	−1.084 （−1.485）	−1.086 （−1.366）	−102.772 （−0.381）	−39.927 （−0.124）
实际利用外资额/GDP	0.322* （1.754）	0.391 （1.196）	−132.826 （−1.131）	−39.859 （−0.280）
第二产业占比	0.041 （0.616）	0.074 （0.699）	−46.436** （−2.429）	−48.590 （−1.506）
人均科教经费支出	0.065*** （4.763）	0.068*** （4.993）	15.815*** （7.858）	14.955*** （7.948）
在岗职工平均工资	0.437 （0.988）	−0.094 （−0.430）	7.155 （0.057）	−84.243 （−1.000）
时间固定效应	YES	YES	YES	YES
地区固定效应	YES	YES	YES	YES
省份−时间效应	NO	YES	NO	YES
样本量	3 455	3 455	3 455	3 455
R^2	0.397	0.437	0.508	0.587

注：1.***、**、*分别表示在1%、5%和10%水平上显著。
　　2.括号中为 t 值，采用城市层面的聚类稳健标准误差计算。

2. 国家创新型城市建设对城市经济增长的影响

接下来，我们进一步研究国家创新型城市建设对城市经济增长和企业生产效率的影响。在分析中，企业层面的数据来源于全国税收调查数据库，这一数据由财政部和税务总局按照分层随机抽样的方法选取企业填报（高培勇和毛捷，2013），包含了当前中国国民经济分类的全部行业，使用的数据为该数据库 2008 ~ 2012 年样本，每年包括约 70 万家企业。在控制了其他社会经济变量以及地区、年份和城市所在省份的时间固定效应后，国家创新型城市建设对城市 GDP 的影响在 1% 统计水平上显著为正（见表 4-4），这表明国家创新型城市建设能够显著推动城市经济增长。

表 4-4　国家创新型城市建设对城市经济增长的影响

	（1）	（2）
	城市 GDP	城市 GDP
国家创新型城市建设	0.075***[1] （3.246）[2]	0.054*** （3.104）
人均存贷款余额		0.000*** （2.888）
每一万人公共汽车占有量		0.000** （2.172）
电力消费量对数值		0.064*** （5.733）
园林绿地面积对数值		0.028*** （4.078）
实际利用外资额 /GDP		−0.008** （−2.281）
第二产业占比		0.005*** （8.245）

	（1）	（2）
	城市 GDP	城市 GDP
年平均温度		0.010 （0.966）
年降雨量之和		0.004* （1.818）
相对湿度		−0.000 （−0.193）
风速年均值		0.051** （2.261）
时间固定效应	YES	YES
地区固定效应	YES	YES
省份－时间效应	NO	YES
样本量	3 939	3 626
R^2	0.853	0.880

注：1.***、**、* 分别表示在 1%、5% 和 10% 水平上显著。
2. 括号中为 t 值，采用城市层面的聚类稳健标准误差计算。

我们利用包含所有行业的企业数据，从人均营业收入、人均总产值和人均增加值三个方面去考察国家创新型试点城市建设对企业生产效率的影响。研究结果显示，在控制了年份、企业、行业以及企业所在省份的时间固定效应后，国家创新型城市建设对企业的人均营业收入、人均总产值以及人均增加值的影响均在 1% 统计水平上显著为正（见表 4-5）。这表明国家创新型城市建设显著提升了企业生产效率。由此可见，国家创新型城市建设政策能够通过直接效应和间接效应两种途径在微观层面促进企业经营绩效改善和驱动经济增长。

表 4-5　国家创新型城市建设对企业生产效率的影响

	（1）	（2）	（3）
	人均营业收入	人均总产值	人均增加值
国家创新型城市	0.331***[1] （38.706）[2]	0.839*** （31.658）	0.435*** （16.041）
时间固定效应	YES	YES	YES
企业固定效应	YES	YES	YES
行业固定效应	YES	YES	YES
省份－时间效应	YES	YES	YES
样本量	2 903 638	2 405 733	2 207 420
R^2	0.682	0.645	0.681

注：1.***、**、* 分别表示在 1%、5% 和 10% 水平上显著。

　　2.括号中为 t 值，采用企业层面的聚类稳健标准误差计算。

对于上述分析，大家的直观感受是不是政府主导的创新型城市建设对城市创新起到了显著的驱动作用？但请注意，政策试点本身可能存在一定的"选美效应"，大部分政策试点地区的经济社会发展指标都要显著优于非试点地区。

例如，就经济产出特征而言，103 个国家创新型城市的人口占到了全国的 51%，汇聚了全国 85% 的 R&D 经费投入和 72% 的地方财政科技投入，拥有全国 85% 的高新技术企业，产出了全国 81% 的高新技术企业营收，覆盖了全国 67% 的 GDP。同时，试点政策的成功可能也与特定的地理条件和历史文化因素密不可分。

就区域分布特征而言，国家创新型城市主要集聚在东部沿海地区，并且东部沿海地区的创新型试点城市的创新能力普遍更强。

就城市群分布特征而言，国家创新型城市主要集聚于长三角和珠三角地区，这些区域的创新能力也更强，占据创新能力排名前十的大部分席位。因此，独特的地理位置优势可能为城市创新提供了必要条件。

从历史文化因素的角度来看，城市文化是城市的灵魂，是一个城市凭借其先天优势或后天努力而形成的区别于其他城市的独特象征。如果城市有文化，那深圳的文化一定是创新。

根据科技部和中国科学技术信息研究所发布的《国家创新型城市创新能力评价报告 2022》，深圳、南京、杭州、广州、武汉、西安、苏州、长沙、合肥和青岛位居创新能力排名榜前十位。其中，深圳表现尤为不凡，连续 4 次位居第一。GDP 从 2.7 亿元到 1 万亿元，深圳用了 30 年；从 1 万亿元到 2 万亿元，深圳用了 6 年；从 2 万亿元到 3 万亿元，深圳用了 5 年。

这次深圳用了 5 年实现万亿元的跨越有着不同寻常的时代背景，这种成绩是在外部环境复杂严峻和国内疫情冲击带来的经济下行压力下取得的，这离不开创新提供的源源不断的内生力量。

根据《国家创新型城市创新能力评价报告 2022》，2022年，深圳战略性新兴产业增加值达到 13 322.1 亿元，相较2018 年增长了 45.5%，战略性新兴产业增加值占全市 GDP的比重达到 41.1%，国家级高新技术企业超过 2 万家，专精特新"小巨人"企业超过150家。

　　但是，深圳的创新模式是难以复制的，因为发展历史和亚文化不可以复制，这也恰恰是深圳创新模式比较独特的原因（陈宪，2023）。

　　首先，深圳的广府文化具有开放务实的鲜明特征。广府文化的开放首先与其开放的地理位置息息相关，广东位于中国的南部沿海地区，拥有海岸线最长的优势，这使得广东拥有了与东南亚和世界各地进行贸易的便利条件。广东省省会广州自古以来就是我国的商业门户，航海贸易长盛不衰，被誉为"千年商都"。因此在长期开放的经济交流的作用下也生成了其开放的文化。

　　其次，历史上，由于经济封闭，地处南疆的广东其实并不受重视，作为一个相对封闭的地域，广东省承受着中国数次规模巨大的人口迁入潮，在这种人口压力与文化冲击的作用下，"开放"和"包容"两种特质相互循环、彼此强化。而广府文化的务实，则反映在广东地区的务实利而避虚名。广东人不空谈，崇尚实干，追求在政治上为地方经济谋实利，关注政策的实施和落地，注重人民的个人利益实现（王克群，2011）。

　　最后，不同类型的创新型试点城市的建立可能是基于其原有的或在历史发展过程中形成的禀赋优势。根据《国家创新型城市创新能力评价报告2022》，除了像深圳这样在创新能力各个维度都遥遥领先的城市，根据城市自身资源禀赋要素和在国家区域发展战略中的分工定位差异，创新型城市又可分为科教资源富集类创新型城市、产业技术创新类创新型城市、创新创业活跃类创新型城市、开放协同创新类创新型城市和绿色发展类创新型城市等。例如，中央级高校、科研院所相对较多的南京、武汉、广州、西安等城市可归为科教资源富集类创新型城市，高新技术企业相对较多的深圳、东莞、无锡、宁波等城市可归为产业技术创新类创新型城市。

初步观察我们或许会发现，无论是改革开放的先行者深圳还是中部地区快速崛起的"黑马城市"合肥，它们成长为创新的重要策源城市似乎都离不开当地政府特殊的支持政策乃至亲自参与。

但要注意的是，我们必须区分清楚政府的创新政策对于创新而言究竟是一个必要条件，还是一个充分条件？稍微往下思考，就会发现深圳和合肥之所以可以成长为创新之城，还有其地理区位优势。深圳地处广东省南部，东临大亚湾和大鹏湾，西濒珠江口和伶仃洋，南与香港特别行政区相连，北部与东莞市、惠州市接壤。合肥位于长江三角洲地区，具有承东启西、连接南北的区位优势。深圳和合肥有各自在历史发展过程中形成的独特创新要素禀赋优势，除了前面已经提到的，另外深圳具有非常好的产业创新基础，合肥具有丰富的科教资源。2022年11月《自然》增刊发布的"2022年自然指数－科研城市"表明，合肥跻身全球科研城市排名前20位，拥有包括中国科学技术大学、合肥工业大学、安徽大学等在内的 50 多所高校。因此，政府的支持对于创新之城的打造最多是一个必要条件，而非充分条件。

随着中国经济进入高质量发展阶段，技术模仿创新红利逐渐减弱，而原创性创新则越来越重要，正如陆铭老师在第一章中所言，这类创新具有高度未知性和偶然性，因此往往难以被计划。研究创新思维和前沿科技的两位著名人工智能科学家——肯尼斯·斯坦利和乔尔·雷曼，在其著作《为什么伟大不能被计划》中就选用了大量案例证明了一个重要的结论——"伟大是不能被计划的"。

然而，有的地方政府不管城市地理位置的限制，盲目跟风，大搞基础设施建设。有的地方政府为了"面子工程"和政绩工程，争建产业园区，导致了城市之间的恶性和无序竞争，造成了资源的大量浪费。例如，西部某省每个市县都至少有一个开发区，多的甚至有四五个国家级、省级甚至地市级的开发区，但很多开发区并没有招商引资的实力，只能依靠低价甚至免费的土地政策、税收优惠、财政补贴以及放松环保要求等手段，长此以往造成了开发区大量的重复建设、土地资源的大幅浪费、国家财政收入的严重损失和环境的污染。

有的城市盲目追求高科技，忽略城市自身的资源禀赋限制。高科技行业的创新发展具有累积性，城市之间的"借鸡生蛋"策略几乎是不可行的。一些城市容易受上级政策"指挥棒"的影响，急于求成，没有很好地领会政策的内涵，不顾自身的资源禀赋限制，时常陷入哪个产业热门就做哪个的境地，这既会导致行业泡沫，也给一些政策骗子有了可乘之机。

因此，人们要客观理性地看待以国家创新型城市为代表的政府主导的创新政策对城市创新的作用，创新型试点城市的成功有它的历史文化因素和自身禀赋特点，也可能与其经济发展所处的阶段有关。不能认为在行政力量的加持下就一定可以把某个城市打造成为创新型城市，创新型城市的打造需要基于这个城市原有的历史文化特征，在全国一盘棋的总体要求下，结合城市自身的禀赋优势，立足自身的内生比较优势，努力培育外生比较优势。

总的来说，在对中国创新之城进行充分的研究和剖析后，我们得出以下三点启示。

第一，在高质量发展阶段，我国正在由追求创新数量向追求创新质量转变。

整体来看，中国城市专利总规模呈现快速扩大趋势，但从 2013 年开始专利规模增速在减缓、专利质量在提升。从不同的区域来看，中国城市专利规模总体上呈现出"东高西低"的区域差异分布特征，而专利密度分布则以胡焕庸线为界，在空间上呈现出"东—中—西"梯度衰减格局。我们不能脱离地理区位特征来谈创新，城市的创新发展与其水文、耕地、海拔高度和当地气候等地理条件因素以及交通便利程度密切相关。因此，城市创新政策要从自身的地理区位特征出发，立足自身的内生比较优势，在全国一盘棋的前提下，从全局角度谋划自己的区域分工，做到宜农则农、宜工则工、宜商则商，以更好地实现分工的网络效应，改进全社会福利。

第二，创新在不同城市的分布情况超越了"齐普夫法则"。

创新在头部大城市的集聚程度比人口集聚程度要高，显现出"创新集聚之城"的趋势。需要注意的是，在头部大城市之间创新的分布还相对均匀，这可能与头部大城市都在利用各自的要素禀赋优势大力发展创新有关，也与头部大城市仍然处在创新竞争的白热化阶段有关。因此，创新在大城市的集聚式增长是客观规律，也是未来的发展趋势，不会因为行政力量的干预而在不同的地区进行静态的均衡分布。创新的均衡发展应该是通过市场化的手段让各类创新相关要素充分自由流动，提高创新要素的配置效率，在创新集聚中走向"创新"的动态均衡。

第三，我们要客观看待创新政策对城市创新的作用。

以国家创新型城市为代表的创新政策对城市创新有一定的推动作用，但不能否认的是，创新型城市政策的成功与试点城市特定的历史文化特征和禀赋特点相关。

这种类型政策的成功，还可能与经济发展阶段有关，在经济发展初级阶段，可以以资源消耗和劳动力红利为基础，通过模仿发达国家的技术、管理手段等实现大规模的第一曲线增长。但在高质量发展阶段，模仿式创新红利快速减弱，后发劣势开始出现。在这一阶段，国家自主创新越来越重要，但创新方向的预判也越来越难，不确定性越来越大，计划式创新逐渐难以成行。因此，在高质量发展阶段，要客观理性地看待创新政策的作用，不能通过行政力量过度干扰创新的自然演进，而是要在无法精准识别创新方向的时候，通过实施普惠性的产业政策，例如打造宜居环境、营造包容的城市文化、建造适合交流的城市空间等，来吸引创新发展所需要的第一要素——"人才"。

本章参考资料

[1] 寇宗来，刘学悦.中国城市和产业创新力报告2017[R].上海：复旦大学产业发展研究中心，2017.

[2] 陈宪.深圳创新模式无法复制但可以学习[R].成都：每日经济新闻，2023.

[3] 王克群.广府文化的特点及其影响[J].广州社会主义学院学报，2011（2）：80-82.

[4] 张杰，郑文平.创新追赶战略抑制了中国专利质量么？[J].经济研究，2018，53（5）：28-41.

[5] 黎文靖，郑曼妮.实质性创新还是策略性创新？——宏观产业政策对微观企业创新的影响[J].经济研究，2016，51（4）：60-73.

[6] 沈体雁，劳昕.国外城市规模分布研究进展及理论前

瞻——基于齐普夫定律的分析 [J]. 世界经济文汇，2012
（5）：95-111.

[7] AUERBACH F. Das gesetz der bevölkerungskonzentration
[J]. Petermanns Geographische Mitteilungen, 1913, 59: 74-76.

[8] ZIPF G K. Human behavior and the principle of least effort
[M]. Cambridge: Addison-Wesley, 1949.

第五章

大学，与城市创新共舞

—

创新之城中的大学

大学与城市之间的互动发展构成了城市发展的重要组成部分。大学因城市而兴起，城市因大学而繁荣。城市是现代政治、经济、科技、文化的中心，大学是传播知识、培养人才、科技创新的基地。大学是实现知识与创新累积的核心载体，这决定了大学在现代城市创新体系中具有不可替代的重要作用。但伴随高等教育的日益普及，对于大学功能的认识在很多人眼里却变得日益模糊。

大学所进行的知识生产和传播活动，对国家的经济和社会的发展具有重大的正外部性，对此人们是认同的。但是，对于其所在城市的发展来说，大学究竟起到了什么作用，人们往往并不熟悉。如何实现大学与城市之间的融合发展，大学如何引领城市的发展一直是政策和理论界讨论的热点话题。在第五章中我们将着重讨论，大学如何在城市创新体系中发挥核心作用，引领并支持城市实现高质量发展。

事实上，大学所产生的正外部性具有很强的本地化属性。一方面，信息和知识的传递是有成本的，需要相关主体在面对面的交流中完成，相互交流影响的频率和效率随着距离的延长而衰减（Liu et al.，2022）。另一方面，大学是高端科技与前沿文化的发源地，好的大学不仅是杰出人才的培养池，也吸引了大批高端人才的不断流入。

当然，大学对城市创新发展的推动作用取决于大学与所在城市融合的程度。通常来讲，大学与所在城市的产业关联度越强，其对城市经济发展产生的推动力就越强。大学也会对所在城市的经济社会创新发展产生直接的影响，然而随着各领域知识的不断分化、专业化，人们对大学与城市关系的认知差异有扩大的趋势。不仅公众对大学在城市创新体系中的作用认识不足，政策层面也存在一定的偏颇。

大学创新之力的空间分布

在讨论大学对城市创新发展的影响之前，我们先来简单回顾一下中国大学的发展和变化过程。

一直以来，我国高等教育管理体制始终在探索中不断前进，经历了艰苦曲折而又漫长的过程，高等教育资源调整伴随始终。

1952 年前后我国高校的改革是现代中国高等教育发展史上一次大规模的彻底改革。这一时期，我国高校的改革以苏联的大学制度为蓝本，以国民经济建设需要为导向进行院系合并、重组。经过调整后，私立高校被全部取消，并入公立高校，工科院校得到了发展，综合院校大幅削减。多学科的综合性大学在高校中所占的比重，由 1949 年的 23.9% 降至 1952 年的 10.9%。这次高校的大调整使我国高等教育不断走向专业化，社会科学与自然科学、基础学科与应用学科相分离。

20 世纪 50 年代后期，随着经济建设规模的扩大和地区经济的发展，各省（自治区、直辖市）根据地区经济、社会发展的需要，创办了一批为本地区服务的高等院校，形成了中央教育主管部门、产业行政管理部门以及地方政府创办和管理的高校体制。这种办学体制对于调动各部门、各地区发展高等教育的积极性，对口培养经济建设急需的专业人才发挥了作用，然而这种高校管理制度导致"条块分割""块块分割"现象的出现。之后，我国的高等教育虽然经历了20世纪60年代中期至70年代初的冲击、70年代末的高校恢复整顿和80年代的稳步恢复，但中华人民共和国成立初期所形成的制度架构并未发生根本性的变化。

20世纪90年代开始的高等教育管理体制改革是1952年院校调整以来，中国高校布局进行的最大一次改革。20世纪90年代初，一些地方按优势互补的原则对当地高校的布局结构进行调整，出现由多所高校合并重组办学的良好典型。同时，还有大批高校进行了多方面和多形式的合作办学，从而在改革实践中总结出"共建、调整、合作、合并"的基本思路。

近年来，全国已有一千余所大专院校进行了大规模调整。通过此轮调整，组建了一批综合性和多学科大学，同时大学数量也快速增长。特别是自1999年高校扩招政策实施以来，我国高校招生人数和专任教师数都实现了快速提高。1998年至2021年，高校招生数从108.4万人增加到了1 001.3万人，高校专任教师数从40.7万人增加到了186.5

万人（见图 5-1），我国已成为名副其实的高等教育大国。

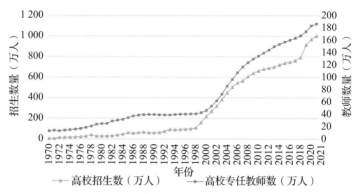

图 5-1 1970 ～ 2021 年高校的招生人数和专任教师数量的变化

资料来源：作者根据中国国家统计局的数据整理绘制。

　　高等教育发展水平是一个国家发展水平和发展潜力的重要标志。目前，大学与城市的关系逐渐从融入走向引领，大学在引领区域和城市发展中的作用日益重要。大学对城市经济、社会发展各个方面都直接或间接地产生了重要的影响。

　　图 5-2 是我国不同城市拥有的大学的空间分布情况。从图 5-3 中我们可以看出，拥有大学尤其是一流大学数量越多的城市，其经济发展的水平是越高的。除了上海、北京、广州等一线城市聚集较多的大学外，天津、长沙、南京、杭州、重庆、西安、郑州、成都等城市的大学数量处于第二梯队。大学大部分集中在直辖市或省会城市，相对经济实力较强。而从"双一流"大学的分布情况来看，我国的一流大学主要集中在北京、上海、南京、武汉、成都、天津等城市，

这些城市都是我国城市群和都市圈发展中的重要节点城市。

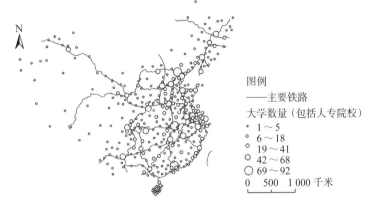

图 5-2　不同城市拥有的大学的空间分布情况

注：为方便读者更直观地看到中国不同城市拥有的大学的空间分布情况，在
　　图 5-2 中我们简单勾勒出了城市之间的主要铁路。
资料来源：作者基于中国不同城市拥有的大学数量整理制作。

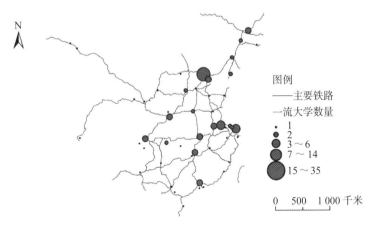

图 5-3　不同城市拥有的一流大学的空间分布情况

注：为方便读者更直观地看到中国不同城市拥有的一流大学的空间分布情
　　况，在图 5-3 中我们简单勾勒出了城市之间的主要铁路。
资料来源：作者基于中国不同城市拥有的一流大学的数量整理制作。

大学会像人口和经济一样变得日渐集聚吗？随着一线城市和各区域中心城市吸引力的不断增强，我们可以发现，处于发达地区的大学受到越来越多学生的追捧。例如，上海地区高校的录取分数线不断提高，而处于中西部、东北地区高校的录取分数线持续下降。近年来，哈尔滨工业大学深圳校区的本科录取分数线已超过其处于黑龙江的大学本部录取分数线。

我国大学的空间分布有着深远的历史渊源，大学的大规模地区迁移可能很难再现，但随着人口和经济的集聚，不同地区大学招生规模和质量也会发生不可避免的调整变化。

随之而来的问题是，相对欠发达地区的大学怎么办？

我们发现，大学的知识溢出、创新溢出效应是在其与所在地区的深入互动中产生的。欠发达地区大学的发展应考虑所在地区的禀赋特征，如中南大学的冶金、矿业工程、材料科学与工程等优势学科与当地企业深度合作，通过瞄准产业制高点加速学科链、创新链集群建设，优化科技创新生态，实现前瞻性基础研究、引领性原创成果和建设性社会需求的不断突破。

◎ 创新专栏 5-1

校企校地合作科技创新：中南模式

中南大学，位于湖南省长沙市，由原湖南医科大学、长沙铁道学院与中南工业大学于 2000 年 4 月合并组建而成，是中华人民共和国教育部直属的全国重点大学，中央直管副部级建制，位列国家"双一流""985 工程""211 工程"。2013 年 11 月习近平总书记在中南大学考察时强调，我国经济发展要突破瓶颈、解决深层次矛盾和问题，根本出路在于创新，关键是要靠科技力量。要充分发挥高校人才荟萃、学科齐全、思想活跃、基础雄厚的优势，面向经济建设主战场，面向民生建设大领域，加强科学研究工作，加大科技创新力度，努力形成更多更先进的创新成果。

近年来，中南大学坚持围绕学科链布局创新链，围绕创新链服务产业链，从根本上打通了"基础研究—核心技术—工程转化—产业发展"成果转化全链条，促成强链补链延链重大成果就地转化，一大批重大科技创新成果为湖南轨道交通、工程机械、航空动力三个世界级产业集群发展提供核心支撑。

中南大学科技园（研发）总部于 2018 年 5 月正式开园。园区聚焦科技成果转化，园区平台公司联合中南大学科技园及知识产权管理办公室，采取"知识产权专员和成果转化专员"模式，深入高校二级学院、科研院所、相关课题组。园区累计孵化科技企业 650 家，其中入驻企业 65 家，园企自主研发形成知识产权 2 427 项。园区培育院士企业 6 家、规模以上企业 6 家、高新技术企业 50 家、科技型中小企业 44 家、专精特新"小巨人"企业 8 家、孵化毕业企业

26家。园区累计完成营收80亿元，实现税收4亿元，有力推动科技成果在研发总部落地生根，助力企业产业化蓬勃发展。

中南大学还被称为中国锂电池行业的"黄埔军校"。面向新能源产业发展，学校形成了超过10个学院、100支教授团队、1 000名研究人员的战略科技力量，走出了一批活跃在新能源领域的技术派创业领军人物，打造了比亚迪、格林美等一批"中南系"新能源头部企业。

资料来源：作者根据《光明日报》《湖南日报》、中南大学新闻网等相关资料改编整理。

中国科学技术大学与合肥的互动发展，是另外一个大学与城市互动发展的成功案例。在推动创新链、产业链、资金链、人才链深度融合的新探索中，中国科学技术大学与合肥"全链互动""创新共生"的现象引人注目。中国科学技术大学落户合肥时，合肥薄弱的产业基础，与中国科学技术大学的基础性研究成果难以匹配，毕业生很少愿意留在合肥。近年来，合肥围绕中国科学技术大学科技成果转化出台了一系列支持政策，产学研生态建设成效显著，中国科学技术大学相关企业推动了合肥经济快速发展，中国科学技术大学毕业生在合肥就业比例不断上升，硕士本地就业比例近43.5%，博士本地就业比例约44%。

◎ 创新专栏 5-2

产学研融合创新：中国科学技术大学与科大讯飞

作为中国首家在校大学生创办的企业，科大讯飞缘起中国科学技术大学（简称"中科大"）。1999 年，6 个中科大的大学生和 12 个员工，一起成立了科大讯飞，号称科大讯飞的"十八罗汉"。经历 20 余年的风风雨雨后，目前科大讯飞已然成了我国人工智能生态建设的中坚力量，科大讯飞开放平台已经拥有生态合作伙伴超过 160 万家，形成了从源头技术创新到产业技术创新的全生态创新体系。

科大讯飞的快速发展与其高度重视产学研合作密不可分。科大讯飞成立时，公司主要成员都是中科大的学生，同时也得到了中科大的投资支持。科大讯飞最早的智能语音研究就源自中科大王仁华老师的人机语音通信实验室。

科大讯飞一直是一个技术支撑型的公司，从创始至今经过了 6 个主要的技术台阶，每上一个大的台阶，都离不开产学研合作的有力支撑。

在做语音合成引擎时，科大讯飞和中科大以及声学所达成了很好的合作。在研究语音评测技术时，它与安徽语委和自动化所进行了深入合作。在做语音识别时，科大讯飞和清华大学以及加拿大约克大学成立了联合实验室。在认识智能方面，它与刘挺教授的团队建立了哈尔滨工业大学讯飞联合实验室。在最新的脑科学研究领域，包括类脑计算、脑保护等方面，科大讯飞也在向同济大学、中科院心理所等寻求合作。

同时，地方政府的政策支持在其发展过程中也发挥了重要的作用。1999年，合肥当地政府开始有意识地扶持创新企业的发展。当时科大讯飞刚成立，据科大讯飞董事长刘庆峰回忆，原计划科大讯飞是要去上海发展的，因为合肥的三家国营单位——美菱集团、合肥永信、安徽省国投投资了科大讯飞，所以最终才把团队留在了合肥。

科大讯飞只是中科大支持产业创新发展的众多案例之一。中科大充分发挥科教优势，汇聚创新资源，加速融入长三角一体化发展，支持合肥国家实验室、合肥综合性国家科学中心等建设，加强产学研深度融合，以实际行动服务区域经济社会发展。

对于中科大所在的安徽省而言，科技创新"领先一步"，产业创新"领先一路"。近十年来，中科大推动形成以国盾量子、国仪量子、本源量子为代表的量子科技产业，以科大讯飞为代表的新一代信息技术等新兴产业集群，"量子中心""中国声谷"已成为安徽乃至全国的创新名片，"立足合肥、覆盖安徽、辐射全国"的科技成果转移、转化体系初步成型。中科大、地方政府、当地企业的产学研合作，已成为高水平大学促进地方创新发展的成功典范。

资料来源：作者根据公众号"中科院人工智能产学研创新联盟"、《瞭望》新闻周刊等相关资料文章整理撰写。

是不是我们应该把发达地区大城市的大学分散到全国各地？正如前文所述，大学的知识溢出、创新溢出效应是在其与所在地区的深入互动中产生的。对大学设立新校区及城市内搬迁的已有研究分析认为：远离市中心不利于大学发挥知识溢出效应。同理，知识的产生和传播与地理集聚有密切关系，通过将大学分散到全国各地以实现地区平衡发展，可能并不会达到预期的效果。正如，当年搬迁到内地的重点工业项目大多并未存续一样。

　　近年来，在掀起"双一流"大学创建热潮的同时，学者们也开始对"双一流"大学的教学、人才培养、管理模式等进行探讨。为清晰地展示出国内大学关注的焦点和热点，我们在中国知网上以"双一流""一流学科""一流大学"为主要篇名的检索词，共检索到 6 000 余篇论文（2010 ~ 2022年）。在此基础上，我们构建了"双一流"大学研究文献关键词共现知识图谱，如图 5-4 所示。从图 5-4 中可以看出，近年来，国家针对"双一流"大学创建的关键着力点是学科建设、人才培养、创新、教学改革、地方高校、研究生、图书馆等。其中，人才培养作为"双一流"高校创建的依托对象和主要目的，在整个知识图谱中占据了重要的位置。如前文机制中分析的那样，高水平大学作为人才培养的重要摇篮，对所在城市乃至全国的人才溢出都将发挥重要的作用。

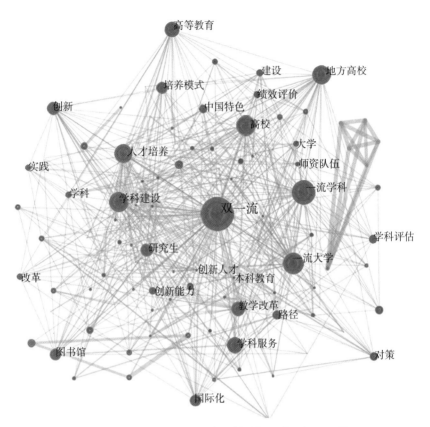

图 5-4 "双一流"大学研究文献关键词共现知识图谱

大学与城市的知识积累、创造及科研创新

　　众所周知，创新研发是经济增长的重要源泉，大学是科技创新的生力军，产出了大量的科研成果，是研发资源最集中的机构群体之一。不同于知识积累，对于大多数人来说，对大学的知识创造与科研创新过程了解较少。知识创造既包括理工科领域的科技成果和专利获取，也包括人文社会科学

领域的思想创造和研究发现。

　　大学科研人员是我国科技创新的重要队伍，是创新研发的主力和研发资源最集中的机构群体之一。中国的大学拥有丰富的科研人力、物力和财力，产出了大量的科研成果。[⊖]以专利申请为代表的创新研发，高校占比超过 20%，仅低于企业的专利申请，如图 5-5 所示。

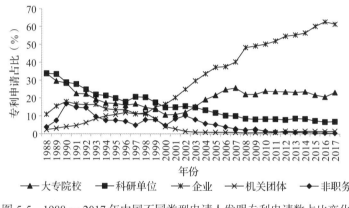

图 5-5　1988 ～ 2017 年中国不同类型申请人发明专利申请数占比变化[⊖]

资料来源：作者根据《中国科技统计年鉴》中的数据整理绘制。

　　然而，对于高校从知识积累、创造到创新的转化过程，人们通常关注得比较少。大学实现创新的过程离不开各种想法的化学反应，这种反应不仅体现在某一个具体学科、具体实验室内部的交流上，还体现在学科之间的互动上，也体现

　　⊖　中国高等教育体系的规模是世界最大的，中国高校正试图在国际体系中发出更多的声音和力量（Yang，2015；Liu et al.，2018）。

　　⊖　因为统计口径的原因，图 5-6 中涉及的发明专利申请数，均为中国大陆地区的申请数，暂未包括港澳台地区的申请数。

在中国大学的合并中。

20 世纪 90 年代初，高等教育管理体制改革重新被提上决策者的日程，此项改革也是 1952 年院校调整以来，中国高等院校进行的最大的一次改革调整，其中，高校合并就是改革调整的主要内容之一。高等教育管理体制改革的初衷是解决计划经济体制下形成的条块分割、办学分散、重复设置、效益低下等问题（李岚清，2003），通过合并调整，单科性院校过多、综合性和单科性院校比例不合理的状况得到了一定程度的改善，综合性院校占比快速增加，如图 5-6 所示。

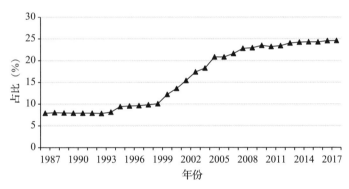

图 5-6 普通本科院校中的综合大学占比变化趋势图

资料来源：作者根据 1988～2018 年《中国教育统计年鉴》数据整理计算绘制。

高校合并使各大学学科日益多元化，不同学科间知识交流更为便利、频繁。在一项研究中，我们基于中国高校科研投入与产出数据和严格的因果识别方法研究发现，高校合并显著提高了大学的创新研发产出和能力。

当代科学技术发展的总趋势是各门学科相互渗透，新兴学科不断产生。通过合并，各学校学科大幅增加，可以更好地促进人才和其他科研资源集聚、共享、交流，加速跨学科研究的发展，促进高质量成果的产生。为检验高校合并是否通过学科建设促进了创新研发，我们整理了历次高校学科评估数据，考察合并前后学科数量和质量的变化。研究结果表明，以平均学科相对排名和参评学科数量分别度量学科发展水平和学科多元化趋势，合并显著提高了高校学科水平和数量。学科建设是高校提高科技创新能力的根本和基础，高校合并有利于加快学科建设，进而促进高校创新的研发。

院校合并从外部打破了计划经济体制下形成的高等教育条块分割、办学分散、重复设置等制度弊端。同时，伴随院校合并进行的内部制度重建，推动了创新活力的释放和研发效率的提升。从总量和结构来看，院校合并都显著促进了高校创新研发产出和实力的提升，但仍不能充分反映合并对高校创新研发投入产出效率的影响。

进行投入产出效率分析的常用方法有数据包络分析法（DEA）和随机前沿分析法（SFA）两种。在已完成的研究中，我们用数据包络分析法计算高校创新研发的投入产出效率。用教学与科研人员（人）和科技经费的当年拨入额（千元）度量科研投入，用发表论文和专利申请数量度量产出，以此计算投入产出效率。实证研究结果表明，高校合并显著促进了创新研发效率，即资源配置更趋优化。高校合并优化了研发人员投入结构，提升了学科发展水平，提高了创新研发效率，进而使高校创新研发实力和国际竞争力大幅提升。

通过以上的讨论，我们发现不同学科知识的交流与碰撞对创新的产生至关重要。尽管越来越多的创新在具有专业化知识的人群当中产生，但它并不意味着具备不同知识人群间的交流不重要，相反，在当今的知识创造与创新过程中，不同知识人群间的交流变得更加重要。

知识积累、知识创造与科研创新是当今大学应有的职能，这使得大学成为所在城市及地区知识、人才和创新活动的聚集地。除院系合并调整之外，高校创新体制机制也在不断完善，如高校科研管理自主权正在不断扩大。国家出台了《关于扩大高校和科研院所科研相关自主权的若干意见》，不断探索推进职务科技成果权属改革。国家也在推进高校科技评价"破五唯"[○]，出台了《关于规范高等学校 SCI 论文相关指标使用树立正确评价导向的若干意见》，对职称评聘、学位授予、绩效奖励等评价工作中过度使用 SCI 论文相关指标的现象列出负面清单。

◎ 创新专栏 5-3

科技成果转化的关键

理论和实践都已证明，产权激励是推动科技成果转化的关键性制度基础。缺乏有效的产权激励是我国科技成果转化率不高的根本原因之一。

○ 克服唯分数、唯升学、唯文凭、唯论文、唯帽子的顽瘴痼疾。

为解决科技成果转化过程中的产权激励问题，我国开展了一系列的改革和探索。我国 2002 年颁布了《关于国家科研计划项目研究成果知识产权管理的若干规定》，2007 年修订了《中华人民共和国科学技术进步法》(简称《科技进步法》)，明确了利用财政性资金取得的知识产权归授权项目承担者所有。

然而，《科技进步法》修订后，我国高校科技成果的转化率并没有显著提高，其主要原因在于我国以公办高校为主，公办高校的营运资金主要来自各级政府的拨款和部分自身营运收入。即使法律中规定将财政资助科技项目中的知识产权赋予承担单位，但高校院所的科技成果转移、转化依然存在诸多限制。

为促进高校科技成果转化，一个可行的措施就是将知识产权类无形资产不再纳入国有资产管理范围，而对其予以单独管理。事实上，国家也确实通过试点、政策调整、制度完善等方式方法尝试优化职务科技成果所有权划分，以形成有效产权激励，破解科技成果转化不畅的问题。

2015 年 5 月，中央全面深化改革领导小组提出在部分区域系统推进全面创新改革试验，开展系统性、整体性、协同性改革的先行先试。四川省作为八个全面创新改革试验区之一入选其中。

2016 年 1 月，西南交通大学在四川省全面创新改革试验区框架内率先启动"职务科技成果权属混合所有制改革"，印发《西南交通大学专利管理规定》(简称"西南交大九条")。"西南交大九条"提出要将国有知识产权评估作价入股后形成的国有股权奖励前置简化为国有知识产权奖励，将"先转化、后奖励"改变为"先确权、后转化",产权的比例确定为学校占知识产权的 30%,成果完成人团队占 70%。一批长期得不到转化的职务科技成果迅速进入了转化阶段。

在实施改革前的 2010～2015 年,西南交通大学转让、许可职务发明成果仅 14 项,收入 158 万元,而申请费、维持费和专利奖金支出则超过 900 万元。实施职务科技成果权属混合所有制改革一年多后,西南交通大学已有 168 项职务科技成果知识产权分割确权,9 家高科技创业公司成立,知识产权评估作价入股总值超过 1 亿元,带动社会投资近 4 亿元。

随着政策试点成果的显现,各地也积极开展政策调整,将"探索赋予科研人员职务科技成果所有权或长期使用权"纳入科技创新政策文件制定中。2020 年科技部等 9 部门印发《赋予科研人员职务科技成果所有权或长期使用权试点实施方案》,试点范围不断扩大。科技创新首先是激发人的创造性,随着创新机制不断优化,将进一步激发科研人员创新的热情,促进科技创新产出与成果转化。

资料来源:根据《经济日报》、光明网、人民网、西南交通大学新闻网等相关资料改编整理。

大学如何引领城市的创新发展

大学:城市高质量发展的基石

大学带动了人才在城市内集聚,不仅有利于发展现代服务业，而且会提升人们在这个城市生活的品质，这构成了城市高质量发展的基石。这主要表现在以下三个方面。

1．大学是发挥中心城市作用的核心所在

当经济发展水平进入到一定阶段之后，城市和城市之间的经济联系日益密切，从而会形成网络化城市群的发展格局。此时，中心城市和其他中小城市之间的分工将越来越清楚，中心城市更多地承担现代服务业赋能城市群内部中小城市制造业的作用。此时，中心城市的现代服务业高度依赖于由大学所产生的研发、设计等功能。

2．大学是提升城市生活品质的重要源泉

发展到这一阶段之后，服务消费的增长将成为经济发展的重要动力，而传统制造品特别是耐用消费品的增长相对趋缓。当经济的服务化趋势出现之后，大学所带来的年轻人集聚和人口多样性，特别有利于提升城市服务消费的品质和多样性。同时，大学所产生的文化创意、设计等行业，也利于从供给侧推升服务消费的品质和多样性。研究发现，城市服务多样性还会显著降低流动人口的迁出意愿，并且对年轻人和高技能人才的作用更大（张文武和余泳泽，2021）。

3．大学有助于城市竞争力的提高

从世界范围看，大学有利于提高城市的软实力和国际影响力。通常来讲，大学集聚了大量高学历人才，它的高度

决定了一个城市在社会科学、文化、演艺会展等相关行业的软实力。与此同时，这些软实力又形成了对国内外各类人才的吸引力，从而形成城市发展的正反馈机制。大学同时还成为各种国际交往的节点，也是各种国际活动的举办方和参与者，成为一个城市国际影响力大小的重要决定因素。

大学对城市发展的影响是多方面的，包括知识创新、增长转型与竞争力提升等。已有的关于大学与城市发展的研究更多地关注高校研发活动及其溢出效应，对于知识溢出的讨论也更多围绕其对城市人力资本积累的影响展开，对于大学教师对城市创新与发展影响的讨论比较少。

我们分别从大学教师及大学生的视角切入，对大学影响城市创新发展的路径及机理进行讨论。研究表明，大学的规模与水平对于城市的创新与增长会产生显著的提升作用，大学对知识的创造和传播深刻地影响着城市发展的未来。一个城市中一流大学的研究水平代表了这个城市的研究水平，也决定了知识传播过程中传播者的知识水平。

大学的作用不仅体现在创新创业上，其对经济增长与城市消费活力的影响也是决定了一个城市发展的高度。我们绘制了大学数量与城市人均 GDP、消费数量、消费质量、消费多样性的散点图，看看大学对一个城市其他因素的影响。图 5-7 显示，大学数量与城市人均 GDP、消费数量、消费质量、消费多样性四项因素之间存在着显著的正相关关系。

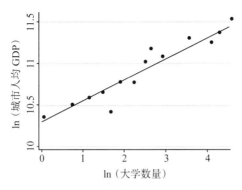

a）大学数量与城市人均 GDP 之间的散点图

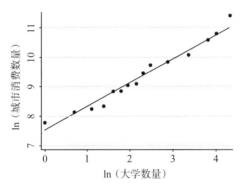

b）大学数量与城市消费数量之间的散点图

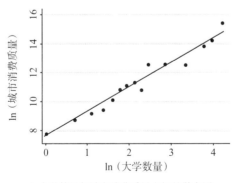

c）大学数量与城市消费质量之间的散点图

图 5-7　大学与城市经济增长及城市消费活力之间的关系

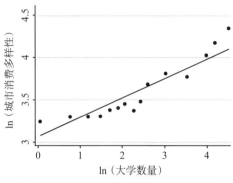

d）大学数量与城市消费多样性之间的散点图

图 5-7　大学与城市经济增长及城市消费活力之间的关系（续）

大学对所在城市的影响不仅体现在创新上，它所带来的地区知识集聚还推动了城市创业活动的集聚发展，高校教学科研人员、学生也是最具活力的创业者。

人才是城市发展的核心竞争力，大学成为城市建设人才高地，是吸引和集聚人才的最佳场所。高水平大学不仅汇集了高水平的师资队伍，同时也能吸引各地优秀人才尤其是年轻大学生的迁入。例如，李琦和严功翠（2020）的研究发现，大学毕业生在就业选择上对于毕业城市具有较强的偏好。以北京为例，依据北京市 2018 年毕业生就业质量报告，京外生源大约有一半都留在了北京。从具体的院校来看，上海交通大学 2015 ～ 2018 年毕业生就业数据显示，80% 的毕业生会选择留在上海。人才的集聚对于企业来说，具有较强的劳动力蓄水池效应。

我们基于中国城市层面的实证分析也证明了类似的结论

（彭冲和许宏伟，2024）。从分析结果来看，大学教师所代表的大学办学规模越大，其所能集聚的企业越多，大学教师数量每增加1%，新增企业数量增加约0.08%～0.1%。解决内生性问题之后，大学教师数量每增加1%，新增企业数量增加约1.2%。大学教师数量每增加1%，其所在城市的在营企业数量增加约0.1%～0.4%。

以大学生为代表的年轻势力，助推了城市的创业活力。我们的实证结果显示，大学在校生数量的增加也会显著带来企业数量的增加。大学在校生数量每增加1%，所在城市新增企业数量增加约0.1%～0.7%，所在城市在营企业数量增加约0.1%～0.4%（彭冲和许宏伟，2024）。

对大学影响所在城市创业活动的行业异质性的实证研究表明，大学教师对所在城市大多数行业的创业活动具有显著的正向影响。例如，建筑业，交通运输、仓储和邮政业，批发和零售业，住宿和餐饮业，房地产业，租赁和商务服务业，科学研究和技术服务业，公共管理、社会保障和社会组织，居民服务、修理和其他服务业，农林牧渔业，制造业，等等。

大学不仅是城市创新创业的策源地，也深刻影响着城市经济与社会发展。同时，高等教育的发展还会直接促进所在城市的经济增长。已有研究发现大学显著增加了所在地区其他部门的劳动者收入和人均GDP，并降低了当地失业率（Schubert & Kroll，2016）。

基于中国各城市高等教育和经济发展的数据，对高等教育发展对城市经济发展的直接影响所进行的实证估计表明，以大学教师数量和在校生数量来显示的城市高等教育发展，均对地区生产总值有显著的正向影响。大学教师数量每增加1%，所在城市地区生产总值增加约0.02%～0.4%。在校学生数量每增加1%，所在城市地区生产总值增加约0.04%～0.28%（彭冲和许宏伟，2024）。大学规模比数量具有更显著的影响。

大学：推动城市创新的引擎

大学对城市的发展最重要的作用体现在它对知识创造、知识溢出、创新质量、创业规模的影响上，具体表现在以下四个方面。

1. 研究开发和知识创造

创新是不同机构之间的相互作用。波士顿集群、圣迭戈集群等都是大学在地理空间上与其他组织的嵌入和融合而形成的产业链、价值链、知识链、人才链、教育链的创新联盟。从全球范围内来看，美国是技术创新领域的领跑者。众所周知，硅谷的发展与斯坦福大学和加州大学伯克利分校的影响密不可分，而波士顿地区的发展则有麻省理工学院和哈佛大学作为重要的支撑。

2. 知识溢出

知识生产过程完成之后，要转化为经济和社会发展的成果，必然离不开知识的传播。在面对面的交流中知识的传播更为有效，因此，产生了现代经济发展中最为重要的机制之一——人力资本外部性。

在理论上，Jaffe（1989）提出的"局部知识外溢"（localized knowledge spillover）理论首次阐述了高校对校区周围区域创新活动的积极作用，并强调空间距离在其中扮演的重要角色。

在实证上，利用中国数据所进行的估计表明人力资本外部性是巨大的，一个城市的平均受教育年限提高一年，在其他因素都被控制的情况下，可以提高所在城市人均收入水平20%左右。

最近的一项研究也证明大学的人力资本外部性具有显著的局部溢出特征。知识尤其是创新活动中的隐形知识（tacit knowledge）通常只能在较短距离上产生溢出效应，并随着距离增加迅速衰减（Ganguli et.al.，2020）。

3. 产学研的结合

一般来讲，大学的科研成果可以直接转化为产业的发展，并且引领一个城市的产业结构转型和长期经济增长。在产学研合作方面，近年来从中央到地方出台了一系列支持的政策，2021年发布的《中华人民共和国国民经济和社会发展第十四个五年规划和2035年远景目标纲要》，明确提出"形成以企业为主体、市场为导向、产学研用深度融合的技术创新体系"。国家发展和改革委员会、工信部、教育部、国家知识产权局也都出台了相关支持与引导文件。各省市均结合自身情况,在资金、人才、组织保障等方面都提出了明确的具体支持措施。

成果转让是近年来我们推进产学研合作的主要方式之一,从图 5-8 中我们可以看出,高校科技成果转让合同数和金额都在快速增加,尤其是在 2015 年之后,这种上涨趋势更加明显。

图 5-8　1991 ～ 2019 年高校科技转让合同数及金额

资料来源:作者根据《高等学校科技统计资料汇编》整理绘制。

◎ 创新专栏 5-4

产学研用新模式:上海交通大学赋能科技产业发展

不同于其他高校的产学研发展模式,上海交通大学依托自身强大的领先研究优势,不断拓展、深化与各省市以及大型企业集团的科技合作，打造了众多学校赋能产业发展的标杆示范项目。上海交通大学把"与行业龙头单位全面战略合作"作为学校"双一流"建设的重要抓手，形成了一条"项目—基地—人才"三位一体、协同发展产学研用的创新之路。

同时，上海交通大学还不断探索"互联网＋"合作新模式，建设"上海交通大学科技合作平台"，实现科技与产业结合、研发与需求结合、技术与资本结合，建立标准的成果仓库，实现供需精准匹配，有力地促进了成果转化与服务经济的能力。

近年来，上海交通大学持续深化校地合作，与地方政府的产学研合作成果卓著。上海交通大学与上海市闵行区、徐汇区合作共建的人工智能研究院、医疗机器人研究院运行良好，与闵行区签署"环交大闵行主校区基础教育生态区"协议共建马桥十二年一贯制"交大附属学校"。此外，它还与江苏省、海南省、四川省等多地政府科技主管部门及企业家对接洽谈，助推学校产学研工作服务地方经济。

同时，上海交通大学与企业的各类产学研合作不断提速，例如与国家电力投资集团有限公司、中国远洋海运集团有限公司、华为技术有限公司等签署战略合作协议。上海交通大学还在各个科技领域打造了众多产学研用的标杆示范项目，如承担华为创新研究计划、上海交通大学 Explore X 基金等，为实现科技成果转化与经济发展增添新思路、新动能。

资料来源：作者根据中国日报网相关文章改编整理。

在机制上，地理距离是促进高校和企业合作的重要因素，因为高校与校区所在城市的企业进行合作的概率更高，进而会影响区域创新绩效（白俊红和蒋伏心，2015）。此外，社会距离如校友联系也是促成产学研合作的关键机制（王雯岚和许荣，2020）。可见，城市和所在城市的大学对产业的发展和转型是至关重要的。

在产业结构转型效应和经济增长效应方面，以往的研究发现，高校具有显著的就业和制造业集聚效应。例如Hausman（2021）以《拜杜法案》的颁布作为外生冲击研究其对高校周边企业集聚的影响。研究结果发现，《拜杜法案》的颁布不仅增加了高校周边企业的数量，而且影响了长期的就业和工资水平。高校扩建会促使高技能人才和企业迁入，而高新技术企业的集聚，会通过形成正向反馈效应进一步提升本区域发明人的创新能力。

4. 人才集聚与储备

大学对人才的培养是服务于整个国家的，但大学毕业生通常有非常强烈的意愿选择继续留在他们接受大学教育的城市工作。因此，大学多的城市往往能更快地积累人力资本。一些大学生本身就是创业的主体，往往更能在创业中实现新思想和新技术的价值。然后，进一步通过人力资本外部性，有助于整个社会的创业和企业家精神的出现。

为考察大学对一个城市发展的具体影响，我们还采用比较严格的实证方法进行了分析讨论，考察大学发展对所在城市创新、创业、经济发展的影响。中国大学的快速发展主要源于20世纪90年代以来的高等教育改革，特别是1999年开始的高校扩招。由高校扩招带来的高等教育资源调整并未平均分配到中国所有的城市。中国高等教育资源分布不均衡，直辖市和省会城市高校数目相对较多，而部分中小城市通常没有或仅有一两所高等院校。

由于高校资源分布的地区差异，高校扩招带来的高等教育发展在地区之间也存在明显差异。高等学校不同于其他教育资源，其发展水平与该地区早期高等教育资源关系紧密，扩招所带来的学生和教师的增长也更多地发生在了高等教育资源更为丰富的地区。鉴于此，我们将高校扩招政策效应的地区异质性，作为外生性来源，参考陈斌开、张川川（2016）的设定，以城市高等院校数目和全国高校扩招规模的交叉项，作为城市高等教育发展水平的工具变量，来估计高等教育发展对城市创新与经济发展的因果效应。

创新是引领城市发展的第一动力，创新能力决定了城市未来的发展水平，而大学是城市创新发展的重要载体。不仅大学自身是科技创新的重要主体，大学发展的水平直接影响一个地方的高质量人力资本积累，通过人才培养、知识溢出、产学研等方式对周边地区的创新活动形成强大的外溢和带动效应。大学和科研机构所进行的基础研究工作，以及大学对创新研发活动的深度参与，通过多种途径促进大学所在地区的创新发展。

我们的研究结果表明，高等学校专任教师数量与城市专利申请数量显著正相关，高等学校专任教师数每增加1%，城市专利申请数量增加约0.25%。在校学生对城市专利申请的影响不显著，这与已有研究基本一致，在校学生多数时候并不参与专利创新等研发活动。高等学校通过提高城市人力资本水平，显著促进了城市专利创新。在校学生规模每增加1%，城市未来专利申请数量增加约0.21%。引入工具变量之后的实证结果显示，高等学校专任教师数每增加1%，城市专利申请数量增加约4.1%。在校学生规模每增加1%，城市未来专利申请数量增加约2.9%。

基于高校扩招的分析表明，一个城市高校扩招之前的高等院校数量越多，则扩招带来的高等教育扩张规模越大。高校扩招带来的高等教育扩张显著提高了高校资源相对丰富城市的创新发展。

不同大学的定位存在较大差异，其对所在城市的影响也存在较大不同。高水平大学具有更强的创新能力。从创新能力来看，一流大学是基础创新研发的主力。2019年，占大学总数5.6%的113所重点大学（部属及211高校），申请发明专利数量占大学总申请数量的51.3%，占当年大学技术转让总金额的68.8%。⊖一流大学拥有更高的创新能力，在国际交流及科技成果转让方面均表现得较为突出。

⊖ 根据《高等学校科技活动统计资料汇编》相关数据计算所得。

大学：引领城市创新的先锋

高等教育的发展不仅能有效地提升城市创新、创业的水平，而且能有效地促进城市的经济增长。大学对于所在城市实现创新发展至关重要。当前中国人口、经济加快空间集聚，当地政府以加强高等教育发展为抓手，能够助推其城市实现创新发展。特别是对于人口流出地城市，更应该充分调动城市高等教育资源，实现城市转型发展。大学所在城市应该因势利导、顺势而为，重点从以下四个方向上着力。

第一，充分认识大学对促进城市发展的积极作用。

研究显示，大学对城市的创新创业、城市软实力和消费活力具有显著的推动力。而这种推动力又会反向作用于大学的发展，产生循环累积效应，实现大学与城市的互促互进、共荣共生。因此，在思想上，我们需要高度认识大学对于城市发展的积极作用。尤其是在现代经济增长中，积累人力资本已经成为经济高质量发展的内在要求。在行动上，地方政府应该采取一些举措，进一步放大大学（特别是领先大学）在城市发展中的推动作用。

第二，充分发挥城市尤其是大城市的人才集聚效应。

近年来，中国经历了世界历史上速度最快、规模最大的城市化进程，深刻地改变了城市发展格局。出于就业机会、公共服务质量等方面的考虑，大学生对毕业所在城市尤其是大城市有着较高的偏好，为此，大学为本地城市提供了源源不断的人力资本，而人才的集聚又是现代经济增长的重要源泉。人力资本还可以通过外部性提升低技能劳动力的就业以及生产率，进而提高整个城市的工资水平。当然，高低技能人才的集聚又会塑造城市的软实力和消费活力，从而进一步影响城市的竞争力。因此，城市管理者要将留住人才、用好人才、吸引人才作为城市发展的主要抓手，发挥好集聚人才带动资本、技术要素集聚的积极作用。

第三，将大学的发展与消费城市和生活品质有机结合。

大学所带来的年轻人集聚和人口多样性不仅显著提高了该城市服务消费的品质，而且会进一步降低年轻和高技能流动人口的迁出意愿。因此，大学尤其是一流大学对一个消费城市的形成和生活品质的提升具有强大的支撑作用。尤其是在大城市正积极打造国际消费中心城市的背景下，大学将在集聚全球消费需求、吸引全球人才等方面扮演着重要的角色。

从政策含义上来看，要加快城市和大学的融合发展，打造"大学之城"。构建以大学师生为服务主体，建设师生周边衣食住行和文化思想交流的场所，如书店、咖啡吧、小剧场等，让大学的思想、文化、各种创意及创意产品走出校园，形成"消费城市"和"大学之城"之间相得益彰的良性互动。

第四，突出政策支持，加大对城市所在地大学的研究经费投入。

研究显示，大学对城市发展的推动作用是局部的，这种效应在一流大学中体现得更加明显。对于大学的发展来说，最主要的是两个方面：一个方面是人，另一个方面是钱，但归结到底还是钱的问题。根据 2021 年 QS 世界大学排名，建校时间刚满 10 年的南方科技大学首次进入榜单，排名第 323 位，成为内地高校第 14 个进入该榜单的高校。很显然，南方科技大学的发展离不开地方政府对其研究经费的大力投入。当前，我国经济发展步入高质量发展的新阶段，高等教育的发展目标、发展方式和治理体系等需要进一步改革，以适应城市发展的需要。因此，这在客观上要求我们加大对城市大学内涵式发展的财政支持。

此外，大学应着力加快科研体制机制创新，加快科研成果转化。大学是我国财政科研经费支出的主要途径之一，但科研成果转化率却长期处于较低水平。[⊖]要提高高校科研经费的使用效率和效益，就要推动高校科研成果转化，以科研体制机制改革促进地区、城市创新体系建设。基于此，我们提出以下三个方面的建议，以供参考。

第一方面，改革科研评价制度。评价制度是指挥棒，关系到科研人员的切身利益。

科研成果评价在"破五唯"方面已取得了一些进展，但具体到高校，基于论文及影响因子的评价仍然有较大惯性，科研人员的主要精力大都投入到完成单位科研考核指标中

⊖ 以广西为例，广西审计厅对 9 所区管高校 2020～2022 年度财政补助高校专项资金管理使用情况的审计发现，高校科技成果市场转化率低。其中，有 1 所高校累计获得财政投入科研经费 1.31 亿元，实施科研项目 862 个，实现成果转化 0 个。

了。项目承载着科研人员的职称、学术声誉、收入、福利等，各类课题项目也主要以论文发表为结项的核心评价指标。我们应逐渐完善科研考核体系，找准评价定位，科学制定学科评估、职称评审、项目结项等的评价指标体系。优化科技成果评价体系，强化论文发表的质量和影响力，重视专利申请和转化质量与效益。

第二方面，加强经费管理。

近年，我国基础研究投入总量稳步增长，学科建设经费等稳定拨款机制逐步完善。但落实到科研人员层面，仍存在稳定拨款转化为竞争性经费项目的问题，项目管理重立项、轻交账。目标模糊、好交账项目经费配置有余，研发难度较大项目经费保障不足。我们应完善立项机制，积极培育第三方评价机构，加强日常考核监督，完善退出机制，构建全链条、全方位的科研经费预算绩效管理体系。规范各级各类项目经费使用规定，加强经费管理监督和审计。

第三方面，深化科技成果使用权、处置权和收益权改革。

科技成果转化是科技创新的"最后一公里"，成果转化是否顺利，很大程度上决定了科技创新的成败。我国科技成果转化率长期低于主要发达国家[一]，专利质量不高、专利供需错位现象突出、激励机制不健全制约了科技成果转化。

［一］ 国家知识产权局跟踪调查显示，2017～2021年，我国国内发明专利实施率平均不到50%，高校发明专利实施率仅为15%左右。发明专利产业化率35.4%，其中企业、科研单位、高校分别为46.8%、15.6%和3%。

近年来，推进职务科技成果转化问题受到了各级政府的高度重视，也在不同层面开展了推进职务科技成果所有权或长期使用权改革试点，探索高校和科研院所职务科技成果国有资产管理新模式。但相关改革仍然推进较慢，相关政策主要在试点高校或地区适用。我们应加快改革步伐，明确科研人员参与成果转化的收益分配和职称晋升等方面的规定或执行力度，激发科研人员的创新热情。

科学研究作为高校的一项基本职能，既有引领科技进步的使命，也有服务经济社会发展的责任。无论是研究型高校，还是应用型高校，其科学研究都应该立足现实，研究真问题，解决真需求。只有不断创新科研管理体制机制，完善全流程管理制度，优化评价体系，打破"闭门科研"、唯论文、唯项目等不正之风，促进高校创新链与行业产业链精准对接，才能实现大学与城市创新发展的相互支撑与成就。

本章参考资料

[1] 白俊红，蒋伏心. 协同创新、空间关联与区域创新绩效 [J]. 经济研究，2015，50（7）：174-187.

[2] 陈斌开，张川川. 人力资本和中国城市住房价格 [J]. 中国社会科学，2016（5）：43-64.

[3] 李琦，严功翠. 中国城市高技能人口数量的时空演变——宏观规律和微观证据 [J]. 贵州财经大学学报，2020（1）：9-20.

[4] 许宏伟，钟粤俊.教育资源再配置与创新研发——基于高校合并的视角 [J]，经济学（季刊），2022（5）：1039-1060.

[5] 张文武，余泳泽.城市服务多样性与劳动力流动——基于"美团网"大数据和流动人口微观调查的分析 [J].金融研究，2021（9）：91-110.

[6] 王雯岚，许荣.高校校友联结促进公司创新的效应研究 [J].中国工业经济，2020（8）：156-174.

[7] GANGULI I, LIN J, REYNOLDS，N. The paper trail of knowledge spillovers:evidence from patent interferences[J]. American Economic Journal: Applied Economics, 2020, 12(2): 278-302.

[8] HAUSMAN N. University innovation and local economic growth[J]. Review of Economics and Statistics, 2022, 104(4): 718-735.

[9] SCHUBERT T, KROLL H. Universities effects on regional GDP and unemployment: the case of germany[J]. Papers in Regional Science, 2016, 95(3): 467-490.

第六章

城市内创新的活力之源

—

前面我们已经详细地探讨了不同城市之间创新的空间分布特征及其规律。在第六章中，我们将话题转向城市内部，深入探讨城市内部的创新问题。在深入研究城市内部创新之前，我们需要先简单了解一下消费城市。

根据消费经济学理论和国际经验，当人均 GDP 超过 1 万美元后，消费主导型经济增长动力将持续增强，服务业比重将持续扩大。据国家统计局的资料显示，2022 年我国人均 GDP 突破 1.27 万美元，这标志着我国消费城市的时代已经到来。然而，目前有关消费的讨论，无论是学术界、政界还是业界，通常都集中在"建立和完善扩大居民消费的长效机制，使居民有稳定收入能消费、没有后顾之忧敢消费、消费环境优获得感强愿消费"的话题上。

尽管中华人民共和国商务部于 2021 年 7 月 19 日选择上海、北京、广州、天津、重庆五个城市率先开展国际消费中心城市培育建设，但人们仍未充分重视城市内部消费的重要性，争论的焦点始终是消费与生产之间的关系。在现代经济学中，尤其在 GDP 的构成中，消费和生产是分开统计的，很少有人讨论消费和生产之间相互促进的关系。换句话说，消费的生产性，例如消费和创新之间的联系经常被忽视。然而，对这些问题的忽视，恰恰可能对城市的整体发展和竞争力产生负面的影响。

城市内部消费是城市经济活动的重要组成部分，也是城市发展的关键条件。特别是在后工业化时代的城市，尤其是大城市，制造业发达，服务业比重也更高。因为服务业，尤其是生产性服务业，为制造业提供支持和赋能。大城市聚集了大量的外来人口，也更加多元化。随着收入水平的提高，人们对城市内部生活服务消费的需求在数量、质量和多样性上也提高了。同时，公共服务的不断完善也推动了城市内部消费的发展，于是就催生出了"消费中心城市"的概念。

消费中心城市的建设不单单是指商业贸易领域的建设，城市内消费品质的提升也是集聚人才尤其是消费领域人才的重要内容。换句话说，人才是生产性服务业发展的关键，而人才的集聚与城市的生活质量密切相关，生活质量的提升依赖于消费型服务业的发展。城市内部消费不仅为城市的发展提供税收，还促进了城市的产业高质量发展，为城市经济提供了持续的动力。然而，一些城市并未充分重视城市内部消费的重要性，这对城市的整体发展产生了一定的影响。

一些城市经常忽视消费和创新之间的联系。创新是城市发展的关键驱动力，它推动着生产技术的进步，能够提高生产效率，增强城市的竞争力。过去，人们关注到生产会引起消费，例如开发区的建立最终会带动周边消费城市的崛起[⊖]。然而，很少有人意识到消费给城市内部所带来的生产性影响。消费的生产性不仅体现在服务消费，同时也涉及面对面

⊖ 孙伟增，吴建峰，郑思齐.区位导向性产业政策的消费带动效应——以开发区政策为例的实证研究［J］.中国社会科学，2018（12）：48-68+200.

的交流。因此，我们需要在理论上更加清晰地理解面对面交流和创新之间的关系。

见面的魅力：为何"见面"对创新如此关键

在当今数字化的世界中，我们似乎越来越依赖于虚拟交流和在线互动。但是，我们依然不能忽视见面的魅力，忽视它对创新的重要性。为什么见面如此关键？让我们一起探索其中的奥秘！揭开见面的魅力，你会发现它是一种独特的能量——一种能激发创新的力量。

1. 面对面传递软信息：见面可以点燃创新的火花

在见面时，人们可以通过非语言和文字的交流方式更有效地传递信息。

一项研究探讨了金融市场中信息可替代性的问题，特别关注了新冠疫情期间管控对线下互动的影响。研究发现，管控影响了人们的线下互动，从而影响了软信息的收集、处理和传输能力。这导致投资者减少了对近距离股票的基金投资，并转向远距离股票的投资组合。然而，在城市管控期间，基金的原始收益每月额外减少了 0.76%，这表明软信息不容易被替代。[⊖]研究还发现，软信息主要来源于人们的线

⊖ BAI J, M. Massa, is hard and soft information substitutable[Z] Evidence from Lockdown, 2021.

下互动，例如咖啡厅、餐馆、酒吧和健身中心等场所。相比之下，基于虚拟平台如 Zoom、Skype 和 Teams 的线上交互无法完全替代物理交互，无法提供足够的软信息。

最近一项发表在《自然》上的研究分析了过去半个世纪以来全球的 2 000 万篇研究论文和 400 万份专利申请，研究发现，全球科学家和发明家之间的远程协作和相互联系日益增长，但在所有领域、时期和团队规模中，这些远程团队的研究人员与他们的现场同行相比，始终不太可能取得突破性的发现。通过数据探究团队内部和在跨空间的知识生产中的劳动分工发现，当知识是隐性的时候，他们不太可能在概念性任务上联合起来，例如构思新想法和设计研究。尽管近年来数字技术取得了惊人的进步，但远程团队不太可能整合其成员的知识来产生新的、颠覆性的想法。

上述两项研究充分说明了见面对于软信息的传递和创新具有重要意义。

2. 多对多的交流：共享无限创意的舞台

在线下，多对多的交流是更加有效率的。在面对面的环境中，多人之间的交流更容易实现。人们可以同时发言、提出问题、展开讨论，并且更容易建立起互动和合作的氛围，线下的多对多交流更有助于促进思想碰撞、知识共享和创新的产生。相比之下，在线上平台上，当参与者数量增多时，协调和管理变得更加困难，容易导致信息混乱和效率下降。

例如，在腾讯会议上，如果同时在线进行 50 ~ 100 人甚至更多人参加的会议，就容易产生混乱。

3. 信任之舞：激发创新的关键要素

通过面部表情、眼神接触和身体语言的传递，人们能够传达情感、建立信任。这种非语言交流方式对于建立人际关系和团队合作至关重要。相比之下，在线上的交流中，这些非语言元素的传递受到限制，可能会影响人们之间的情感连接和信任建立。人与人之间的合作往往以信任为前提，而见面则有助于增加人与人之间的感情和信任感，从而促进合作的发生。这也凸显了线下办公的必要性，因为社会交往的意义在这种情境下更能得到体现。

关于见面与信任，在高校开学时的导师见面会就提供了一个生动的例证。在开学之前，导师尤其是那些知名的导师，通常会收到许多学生的简历。然而，最终的决策往往是通过双方的见面交流来确定谁更适合加入导师的团队。通过面对面的交流，导师可以更全面地了解学生的背景、兴趣和能力。他们可以观察学生的表情、姿态和语言，从而获得更多关于学生个性和潜力的信息。这种直接的交流方式有助于建立起导师与学生之间的互信和共鸣，为未来的合作奠定基础。

此外，见面交流还提供了一个互动的平台，使导师和学生能够进行实时的问答和讨论。这种面对面的交流方式有助于双方更深入地探讨学术问题、研究方向和预期目标。通过这种互动，导师可以更好地评估学生的学术能力和适应性，而学生也可以更好地了解导师的研究方向和期望，从而做出更明智的选择。

综上所述，见面交流在建立信任感和促进合作方面发挥着重要作用。通过面对面的交流，人们可以更全面地了解对方，建立起感情和信任，为合作关系的发展打下坚实的基础。因此，在一些重要的决策和合作场景中，见面交流仍然是不可替代的，尤其是在高度依赖信任的领域，如研究生导师的选拔过程。

4. 区位的吸引力：引爆社交的热情

市中心通常拥有最高的消费便利设施密度，这是市中心吸引大量人流的最大优势。位于市中心的商业区、购物中心、餐饮场所和娱乐设施等吸引了大量的人群。这些地方集中了各种各样的商家和服务提供者，为人们提供了丰富多样的选择。无论是购物、用餐、看电影还是参加各种活动，市中心都能满足人们的需求。这种便利性和多样性使市中心成为人们聚集的热点，促进了人们之间的交流和互动。

此外，市中心还是各种商业和社交活动的中心。许多重要的会议、展览、演讲和社交活动都会选择在市中心举行。这是因为市中心的地理位置提供了便捷的交通，有利于人们的到达。这种集中的活动场所为人们提供了更多的机会，与来自不同背景和领域的人进行交流和合作。

市中心还是文化和艺术交流的中心。许多博物馆、艺术画廊、剧院和音乐场所都集中在市中心地区。这些文化设施吸引了人们前来欣赏艺术作品、参加演出和体验文化活动。这种文化聚集也为人们提供了更多的机会，使与对艺术和文化感兴趣的人进行交流和分享成为可能。

综上所述，区位对于人们之间的交流具有重要的意义。市中心地区由于其便利的消费设施、各种商业和社交活动的集中以及文化和艺术的聚集，成为人们聚集的热点。这种区位优势促进了人们之间的交流和互动，为合作和创新提供了更多的机会。因此，市中心的区位对于促进消费与交流具有重要的影响。

5. 城市共享办公空间：创业者的聚宝盆

城市共享办公空间是一种趋势，它为企业提供了一种灵活的办公选择。传统上，企业需要租赁自己的办公空间，包括会议室等设施，这需要支付相应的租金和维护成本。然而，城市共享办公空间提供了一个共享机制，不同的企业可以共同使用同一个空间，从而减轻了个体企业的负担。这种共享办公空间的好处在于，企业不需要自己承担设施的供养和维护成本，而是与其他企业共同分担。这使得企业能够更加灵活地利用办公空间，根据需要进行预订和使用。此外，共享办公空间还提供了一个社交的平台，不同企业的人员可以在这里相互交流和合作，促进了创新和知识共享。

在城市共享空间的发展中，购物中心也发挥了重要的作用。购物中心不仅是一个商场，它还是一个社交型共享空间的建设者。通过在购物中心内部打造社交属性的第三空间，购物中心能够吸引具有相同兴趣爱好的人群，提升流量和消费者的忠诚度。例如，泰国的 The Commons 购物中心和北京合生汇购物中心都是成功的案例。它们通过打造半开放式的露天共享空间，设立餐饮区、休息区、舞台、办公区等多种业态，为消费者提供了一个舒适自由的社交型共享空间。这些共享空间不仅是购物中心的一部分，更是一个社区，一个人们可以交流、互动和创新的场所。

城市共享办公空间和购物中心的发展，为城市带来了更多的创新活力。它们成为人们交流、合作和创造的场所，促进了城市的发展和社会的进步。相比第一空间（生产空间）和第二空间（居住空间），如今，以文化设施、咖啡馆等为代表的城市第三空间的社交功能将在城市的创新活力中扮演着重要的角色。

例如，上海交通大学安泰经济与管理学院的咖啡馆就是这样一个重要的社交空间，它吸引了企业管理人员、政府人员和学者在这里交流和合作。这种社交型共享空间为创新的想法和合作的机会提供了一个平台，推动了学术研究和创新的发展。

上述我们梳理了见面与创新在理论上的逻辑关系，接下来，我们将深入研究城市内部创新活动的空间分布及其特征。在科技创新领域，有一句流行的话："在中国，既能造飞机，又能造汽车，还能造火箭和大型邮轮的城市，非上海莫属。"因此，我们以上海市为例，绘制了1985～2020年上海市专利的核密度分布图（见彩图7）。从彩图7中我们可以观察到，上海市的专利数量（包括实用新型专利、发明专利和外观设计专利）主要集中在内环以内的核心区域，这表明创新活动高度集聚，特别是杨浦国家创新型城区在核心区内的创新活动更加显著。

除了市中心，郊区的东软软件园、张江高科技园区、静安南大工业园区、上海宝钢铸造有限公司、紫竹国家高新区、双菱集团（上海）工业基地、金山工业园等地的专利分布也较为密集，但呈现零散分布的格局。总体而言，上海的创新空间格局呈现出主中心集聚的特征。从专利申请人的角度来看，上海的专利主要来自企业和高校，其中企业占比在2020年约为83%。在接下来的介绍中，我们将从案例和经验的角度重点探讨高品质生活、城市空间结构与城市内部创新之间的关系。

通过对城市内部创新活动的空间分布及特征的研究，读者可以更好地理解创新在城市中的发展模式和趋势。这有助于深入探讨城市规划和政策制定方面的问题，以促进创新生态系统的形成和发展。

品质生活点燃创新火花

正如前面提到的，服务业可以为制造业的创新发展提供支持。当一个城市通过招商引资的方式吸引制造业企业落地后，接下来的任务就是提高城市的生活品质，以留住人才。因此，制定以生活留人为目标的政策就变得十分重要。这种政策是一种普惠型政策，对城市的所有产业都有利。最近有一项美国的研究考察了劳动力市场年龄结构对企业创新的因果效应，结果发现，处于年轻劳动力市场的公司会产生更多的创新、有更高的专利数量和专利引用。[○]

在过去的 30 年里，上海一直以建设"五个中心"[○]为目标进行发展，其中包括 2014 年中央赋予上海建设国际科技创新中心的历史使命。在此背景下，上海形成了青浦华为基地、浦东张江科学城、杨浦国家创新型城区和闵行的"大零号湾"四个科创板块，每个板块都具有独特的创新特点。这些板块共同支撑起了上海建设具有全球影响力的科创中心的目标。

青浦华为基地吸引了华为等知名企业的落地，成为一个集科研、生产和创新于一体的重要基地。浦东张江科学城则

○ DERRIEN F，KECSKÉS A，NGUYEN P A. Labor force demographics and corporate innovation[J]. The Review of Financial Studies，2023：36（7），2797-2838.

○ "五个中心"分别是 1992 年提出的建设国际经济中心、金融中心和贸易中心，1997 年提出的建设国际航运中心，2014 年提出的建设国际科技创新中心。

是上海科技创新的重要枢纽，聚集了大量的高科技企业、研究机构和创新资源。杨浦国家创新型城区以其创新氛围和创新生态系统闻名，吸引了众多创新型企业和创业者。闵行的"大零号湾"则是一个以人工智能和信息技术为核心的创新区域，吸引了众多科技企业和创新项目。这些科创板块的发展不仅为上海带来了经济增长和就业机会，还为城市创新生态系统的形成和发展做出了重要贡献。

通过打造具有全球影响力的科创中心，上海吸引了大量的创新人才和创新资源，推动了科技创新和产业升级。这对于上海乃至整个中国的创新发展来说都具有重要的意义。接下来我们以上海杨浦国家创新型城区的长阳创谷为例（见创新专栏 6-1）来展开讨论。

◎ 创新专栏 6-1

长阳创谷：为知识工作者量身打造的创新创业街区

长阳创谷位于上海中心城区的杨浦区，占地 11 万平方米，规划总建筑面积达 30 万平方米，是一个专为知识工作者打造的创新创业街区，也是上海从工业转型为创新创业街区的典型代表。长阳创谷的演变历程值得回顾（见图 6-1）。最初，这个地区是 1920 年建立的东华纱厂，后来在 1952 年升级为中国纺织机械厂，见证了中国纺织机械产业的辉煌。然而，随着 2014 年上海大转型潮流的到来，该地区将城市更新与创新创业相结合，成为一个集聚全球顶尖人才和近200家双创领军企业的园区。

图 6-1　长阳创谷的演变历程

资料来源：作者根据上海长阳创谷企业发展有限公司官方资料整理。

从调研情况来看，长阳创谷之所以能成为企业和人才的创业热土，其中一个关键秘诀是它为创业者打造了一个高品质的生活目的地。这个街区因其独特的设计和多功能的土地利用而闻名。在这里，你可以找到现代化的办公空间、创业孵化器、研发实验室以及咖啡馆和休闲区域。这种多样化的设施和功能的混合利用，为知识工作者提供了一个集中、便利和创新的工作环境，例如，引入"缤果盒子"，利用集装箱打造 AI+ 缤纷生活品牌"无人部落区"。长阳创谷注重打造立体交通系统和多空间互联互通，创造了独特的街区步行体验。

资料来源：根据作者调研编写。

除了长阳创谷，上海南部科创中心围绕"大零号湾"、紫竹国家高新产业区等地也高度重视"产居结合"，致力于打造高品质的生活环境。宝龙生活组团、复地生活组团等特色区域成为上海南部科创中心打造宜居宜业环境的亮点。华为技术有限公司作为一个企业，也非常重视工作环境、生活环境和办公园区的审美设计，以及食堂饭菜的口味。任正非一直强调创新源于精神和物质的激励。接下来，我们将进一步探讨城市内部创新活动与品质空间之间的关系。

近年来，学者们对城市内部创新机制的形成给予了高度的关注。一些案例和经验证据表明，微观地理的空间环境，如道路密度、交通可达性以及邻近大学和科研机构，都会对创新产生影响。然而，这些因素更多地基于正式的城市建设环境。

咖啡馆的魔力：城市空间结构与创新之缘

一些经济学家，尤其是国外的经济学家，开始关注非正式环境在降低人与人交流的信息成本方面对创新的作用。他们惊讶地发现，咖啡馆是城市中特别有价值的"第三场所"，在咖啡馆，就业和休闲的个体可以轻松地相遇和互动。因此，以咖啡馆为代表的丰富的非正式环境和类似设施成为创新城市的显著特征之一。

早在 1650 年，英国牛津大学城就诞生了第一家咖啡馆。这家咖啡馆不仅成为学生和教师休闲娱乐的场所，也是分享和传播思想的重要空间。在英国，咖啡馆因其在传播知识方面的作用而受到重视，被称为"便士大学"。事实上，除了学术交流，为了方便商业交流尤其是前面提到的软信息的传播，伦敦和纽约的证券交易所最初都设立在咖啡馆内。在今天的美国，咖啡馆仍然是一个重要的社交聚会场所。

近年来，体验式文化消费正成为后工业化时代大城市的新业态和新趋势。尤其是在新冠疫情结束之后，咖啡文化以及随之而来的咖啡消费正在重塑城市社交新生态。

以上海为例，近年来上海掀起了一股"咖啡文化潮"。根据大众点评的数据显示，2020年上海的咖啡馆大约有5 600家，而截至2023年8月31日，上海的咖啡馆数量增加到8 025家。咖啡文化代表着现代、商业、国际和品质生活，它不仅具有休闲属性，还具备商务、社交和时尚等特点。

目前国内咖啡文化蓬勃发展，咖啡馆已经成为人们日常生活中接受度较高的商务活动场所。在非正式的氛围下，人们可以在咖啡馆中进行合作、社交，精神更加松弛，思维更加活跃，创意也更容易迸发。咖啡馆或许已经成为一些大城市重要的创意交流空间，为推动创新提供了重要的场所。也许有的读者会问，在中国尤其是在以服务业为主的大城市中，城市内部创新活动的空间分布与咖啡馆的蓬勃发展之间是否存在耦合关系呢？

先来回顾一下咖啡馆在中国的发展历程。星巴克是餐饮行业中最早以"第三空间"的理念经营的企业之一。自1999年1月星巴克在中国国际贸易中心（北京）开设门店以来，星巴克就一直以打造"第三空间"为主要设计理念，致力于成为除家和办公室之外的重要社交场所。通过营造独特的"星巴克体验"，顾客可以在轻松、愉悦、自由的社交空间里享受休闲时光。美团的统计数据显示，截至2022年5月1日，中国共有咖啡门店约11.73万家。通过绘制2020年上海街区层面的咖啡馆空间分布图（见彩图8），我们可以观察到上海各类品牌咖啡馆主要集中在内环以内的市中心核心区域，这表明咖啡馆的分布呈现出比彩图7中创新专利活动更加向市中心集聚的特征。

为了进一步了解上海咖啡文化热潮对上海人活动空间的影响，我们使用网络技术收集了截至2023年8月31日的上海各品牌咖啡馆的数据，并将其与2020年的数据进行对比。通过在上海的500米网格尺度上进行可视化，我们可以观察到2020～2023年上海咖啡馆的变化情况。根据彩图9的结果，我们发现新增的咖啡馆主要集中在市中心地区。图6-2的线性散点图也显示，离市中心越近，咖啡馆的增加数量越多，尤其是在离市中心10千米的范围内，这种趋势更加明显。这些结果表明，上海咖啡文化的兴起使上海人的活动空间产生了变化。

咖啡馆集聚在市中心反映了后工业化阶段经济活动的"向心特征"。这一现象的经济学逻辑很简单，服务的生产和消费是同时进行的，而且高度依赖面对面的交流和人口密度。因此，以咖啡馆为代表的生活性服务向城市中心城区集中，这引发了我们对于咖啡馆作为第三空间和商业数据载体的思考，它是否也能反映城市内不同街区的吸引力呢?

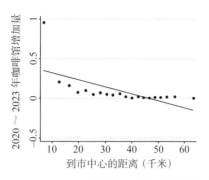

图 6-2　2020～2023 年上海咖啡馆的线性散点图

　　通过调研我们发现，在上海建设科创中心的过程中，咖啡馆成为各种科技人才和投资人青睐的项目洽谈空间和创新策源地。在我们探讨咖啡馆产生创新活动的影响之前，如果我们之前的推测是正确的，那么人口的空间分布也可能呈现出和咖啡馆相似的特征，尤其是就业人口的空间分布。这是因为就业人口的密度是刺激创新活动的重要机制。基于手机信令大数据我们绘制了彩图 10 和彩图 11，它们展示了上海市 2020 年居住人口和就业人口在 500 米网格层面上的空间分布。通过彩图 10 和彩图 11，我们观察到，上海居住人口总体呈现出"白天向心、夜间离心"的空间格局，就业人口高度集中在内环以内的区域，夜间居住人口则呈现出相对分散的空间特征，主要分布在轨道交通沿线。总体而言，我们确实观察到咖啡馆和就业人口的空间分布更为一致的趋势。

　　除了就业人口因咖啡馆而在市中心集聚展开社交活动，

我们还注意到在非工作地和居住地进行休闲的人口也可能呈现出在市中心更加集聚的趋势。彩图 12 进一步展示了 2020 年休闲人口的空间分布情况。从彩图 12 中我们可以观察到，大多数休闲人口集中在市中心，即外环以内的区域。这与上海咖啡馆的空间分布和就业人口的空间分布高度一致。

接下来，我们将对企业集聚与咖啡馆的空间分布进行对比。2020 年上海企业的空间分布图如彩图 13 所示。通过上海企业的空间分布情况，我们可以观察到市中心核心区域呈现高度集聚的趋势，而周边及其郊区呈现出多点开花的格局。这一现象的出现是有理由的。后工业化时代的大城市往往在市中心集聚了大量生产性和生活性服务业企业，这些企业是高度依赖人口密度的。然而，对于制造业企业来说，由于对土地成本等因素的考虑，它们更倾向于在郊区的工业园区进行零散分布。

我们考察了离市中心 10 千米以内和 10 千米以外的居住人口、就业人口、休闲人口和企业集聚与咖啡馆数量之间的关系。研究发现，10 千米内的居住人口、就业人口、休闲人口和企业集聚均与咖啡馆的数量呈现显著正相关，而且相关系数远大于 10 千米以外的系数。综合比较不同人口因素的系数，可以看到就业人口和休闲人口远大于居住人口的系数，这进一步验证前文对人口与咖啡馆分布的统计描述。综上所述，在专业环境之外有地方进行互动会带来好处，这可能是企业和有创造力的个人共同生活在"智能咖啡馆城市"

的重要原因之一。

除了之前对城市内部咖啡馆与城市空间结构（如企业、人口）之间的关系进行梳理，我们还需要进一步强调密度对创新的重要性。高就业密度和高企业集聚也会带来知识溢出效应，从而促进专利产出的增加。

◎ 创新专栏 6-2

密度、距离、土地混合利用：激发创新创业的活力

密度、距离和土地混合利用一直以来都被认为是城市活力的重要影响因素。

高密度的城市通常具有较多的人口、企业和文化活动，这种集聚效应有助于创新和经济的发展。高密度的城市还可以促进人与人之间的交流和互动，促进知识和经验的共享，加速创新的发生和传播。另外，在一定程度上，与市中心的距离较近可以促进人们之间的交流和互动，提高效率和创新能力。

在城市规划中将不同功能的建筑和用地混合在一起，将创造出多样化的城市环境。通过将住宅、商业、办公、文化和娱乐等功能融合在同一区域内，可以提供更多的便利和选择，激发人们的创造力和活力。土地混合利用还可以缩短通勤距离，提高资源利用效率，促进城市的可持续发展。

综合来看，密度、距离和土地混合利用对城市活力具

有重要影响。高密度城市、离市中心的距离和多功能的土地利用可以促进人们之间的交流和互动，提供更多的机会和选择，激发创新和创业的活力。国内不少地方采取低密度的模式，其实有可能是不利于创新和企业的集聚的。但有时候，即便集聚了，公共空间也不够，消费活力和城市活力同样也激活不起来。

腾讯北京总部周边的人口密度是非常低的。腾讯北京总部与市中心的直线距离超过 26 千米，这可能会增加腾讯员工与市中心其他企业员工之间的互动和信息交流的成本。这种距离可能会影响创新和合作的机会。

另外，腾讯北京总部周边的土地功能主要是工业用地和科研用地，这可能也会减少土地混合利用的机会。缺乏商业、文化和娱乐等功能的混合可能会导致该地区的公共空间不足，这进一步又会抑制商业消费和城市的活力。

通过上面的分析，我们可以看到，腾讯北京总部周边的低人口密度、较远的市场距离和单一的土地功能这三个方面可能都会对创新产生不利的影响。

资料来源：经课题组调研和分析编写。

为了进一步探究这一问题，我们对上海全市 500 米边长网格尺度上的就业人口、企业数量与专利总量之间的关系进行了分析。通过图 6-3 我们可以观察到，就业人口、企业数量与专利总量之间存在着高度显著的线性关系，这表明城市内部的就业密度、企业密度等密度对创新产出具有重要的影响。

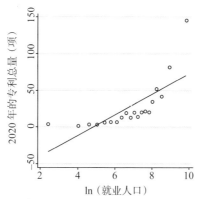

a）2020 年上海市就业人口与专利总量之间的关系

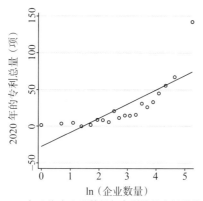

b）2020 年上海市企业数量与专利总量之间的关系

图 6-3　上海就业人口、企业数量与专利总量之间的相关性

　　探究城市内部创新的源泉是一项非常重要且有趣的工作。在第六章中，以上海为例，我们发现创新活动的空间分布与城市的第三空间（如咖啡馆）和城市空间结构（如人口和企业分布）密不可分。特别是作为社交功能的第三空间和

密度在创新中扮演着重要的角色。因此，提升生活品质和社交功能应成为未来打造创新之城的重要考量因素之一。从公共政策的角度来看，上述结论和启示对于优化城市内部公共政策以促进创新具有重要的意义。

第一，顺应居住和就业空间向中心城区集聚的趋势，优化城市内部的空间结构。对于一个城市来说，特别重要的是将闲置的商业用地转变为住宅用地，增加市中心保障性住房的供给。同时，政府部门也要探索将商业和商务办公建筑用于宿舍型保障性租赁住房，以充分发挥中心城区集聚服务就业岗位和消费场景的积极作用。另外，我们还应关注空间供给的多元化，创新空间的组织和设计，特别注重打造高品质的公共空间。关于这一点，政府部门还可以借鉴推广上海的经验，积极打造集创业服务、办公空间共享和科技成果展示等功能于一体的创新创业基地。

第二，建设高效且宜居的紧凑型城市，增强消费对创新的推动力。我们应该以城市更新为抓手，高度重视密度对后工业化时代大城市创新活力提升的重要性。放松大城市尤其是中心城区建筑容积率的管制，以促进城市的紧凑发展，释放城市创新活力。同时，政府部门也应该积极推行公交优先和步行优先的原则，以适应人们的需求；推广"尺度宜人、功能混合、慢行主导"的街区开发模式，并借鉴新加坡的做法，增加路网密度和十字路口的密度，在缓解交通拥堵的同时促进街区服务消费的提升，吸引人流。

第三，注重打造第三空间。我们应该以建设"15分钟生活圈"为契机，优化城市的第三空间功能。特别是在建设消费中心城市的过程中，购物中心应顺应消费者个性化、品质化、多样化和数字化的趋势，积极打造具有社交属性的共享空间和融合了"美食、社交、娱乐"的消费新场景。通过构建具有社交属性的第三空间，吸引具有相同兴趣爱好的人群进行内部社交，培养消费者的忠诚度，实现购物中心的经营目标，并提高消费在社交、知识溢出和创新方面的作用。

通过优化城市内部空间结构，建设紧凑型城市和打造第三空间，促进城市内部创新的发展等对于指导城市公共政策以推动创新具有重要的意义。

本章参考资料

[1] 陆铭，彭冲. 再辩大城市：消费中心城市的视角 [J]. 中山大学学报（社会科学版），2022，62（1）：175-181.

[2] 陆铭. 向心城市：迈向未来的活力、宜居与和谐 [M]. 上海：上海人民出版社出版，2022.

[3] 陆铭，彭冲. 城市更新激发都市圈消费活力 [EB/OL]. （2024-04-16）.

[4] 彭冲，金培振. 消费型街道：道路密度与消费活力的微观证据 [J]. 经济学（季刊），2022，22（4）：1361-1382.

[5] 彭冲，韩立彬，岑燕. 城市内部空间结构与消费多样性：

街区大数据视角 [J]. 世界经济，2023（12）：64-91.

[6] 彭冲. 消费的生产性：第三空间多样性、社会互动与创新 [Z]. 工作论文，2024.

[7] 彭冲. 宽街无闹市，窄巷存旺铺？从道路密度看消费活力 [EB/OL].（2023-02-25）.

[8] 孙伟增，吴建峰，郑思齐. 区位导向性产业政策的消费带动效应：以开发区政策为例的实证研究 [J]. 中国社会科学，2018（12）.

[9] ANDREWS M L. Chelsea, cup of joe and knowledge flow: coffee shops and invention[Z]. Working Paper，2020.

[10] BAI J M. Massa, is hard and soft information substitutable? [Z] Evidence from lockdown，2021.

[11] DERRIEN F, KECSKÉS A, NGUYEN P A. Labor force demographics and corporate innovation[J]. The Review of Financial Studies, 2023: 36 (7), 2797-2838.

[12] CAI X, JIA N, PENG C.Agglomeration and innovation[Z]. Working Paper, 2024.

第七章

中国城市的创新力：资本的视角

—

党的二十大报告提出，坚持创新在我国现代化建设全局中的核心地位，加快实施创新驱动发展战略，加快实现高水平科技自立自强，加快建设科技强国。那么，科技创新来自哪里？众所周知，除了大学和科研机构的基础研究，科技创新的主体是企业，而企业要进行科技创新，意味着有风险，企业需要强大的物质支持和精神激励。

经济学家和金融学家的大量研究表明，作为现代经济增长的发动机，资本市场在激励企业科技创新中发挥着核心作用（Schumpeter，1911；Levine，1997；Levine and Zervos，1998；Beck，Levine and Loayza，2000；Brown，Martinsson and Petersen，2013；Hsu，Tian and Xu，2014）。人们耳熟能详的世界级科技公司如苹果、微软、谷歌、亚马逊、脸书、英伟达、特斯拉等，无一不是依赖现代资本市场而崛起的。○作为改革开放的总设计师，邓小平早就意识到美国实力背后的真正来源，因此1974年在出席联合国大会期间他特地要到华尔街去看一看（傅高义，2013）。

然而，由于中国的资本市场诞生在中国的转型经济中，资本市场设立的初衷并不是科技创新，而是国企改革和脱困。因此早期的资本市场在制度设计上主要服务于国有企业

○ 华为是未借助资本市场而成功发展的科技公司，但华为不是普遍的系统性现象，并且华为实际也高度参照了现代上市公司的治理模式，例如年报披露、独立审计、董事会运作等。科技企业成长的普遍规律或有效模式是：企业家创业—风投和私募资本进入—资本市场公开上市—更快速、更健康地发展壮大。

　　　　　　　创新之城：谁在引领强城时代

和传统型行业，与科技创新的需求并不相匹配。直到 2009 年设立创业板、2019 年设立科创板，我们才真正让中国的资本市场服务于创新创业和硬核科技创新。创业板和科创板的设立，让中国资本市场的"科技含量"显著提高。经过三十多年的发展，中国资本市场已经成为世界第二大资本市场，成为中国金融系统的枢纽，在科技创新中发挥着日益关键的作用。

概括而言，资本市场在科技创新中的根本作用主要体现在以下三个方面。

第一，提供资本。科技创新需要大量资金，这需要源源不断地吸收社会闲散资本而资本市场是筹集社会闲散资本的高效机制。

第二，提供信息。科技创新需要辨别真正的创新、有市场前景的创新，还是弄虚作假、浑水摸鱼、概念包装的"伪创新"，而资本市场通过信息披露、会计审计、证券分析师等公开透明化的信息生产和中介机制以及严格的证券监管和司法约束等监督机制，为企业家和投资者辨别创新前景、创新前途和"钱途"提供了充分且较为可靠的信息。

第三，提供激励。创新意味着冒险，不仅需要企业家的冒险精神，也需要有效的风险分担机制、财富效应等为企业家提供激励。资本市场的股票定价机制不仅为风投、私募退出提供了通道，也为企业家创新创业、科技创新提供了强大的物质和精神激励。

目前，我国资本市场已基本形成体系完整、层次清晰、功能互补的多层次市场架构。沪深主板、创业板、科创板及北京证券交易所秉承差异化定位原则，分工明确，功能互补，大幅提升了资本市场的包容性和覆盖面，对科创企业的支持力度不断增强。

在注册制下，科创板、创业板均设立了多元包容的发行上市条件，允许未盈利企业、特殊股权架构企业、红筹企业上市，契合了科技创新企业的特点和需求。Wind 资讯数据显示，2022 年内共有 424 家公司 IPO 上市，其中创业板 123 家、科创板 148 家、北交所 83 家、沪深主板 70 家，共募资 5 869.66 亿元，其中科创板（2 520.44 亿元，占比 42.94%）、创业板（1 796.36 亿元，占比 30.6%）募资规模居前两位，超九成募集资金流向战略性新兴产业，集中于新一代信息技术产业、高端装备制造产业、新材料产业等领域。

正因为资本市场在现代经济增长和科技创新中发挥的核心作用，一个国家、一个城市的科技创新力基本上反映在其已上市公司和后备的拟上市公司如独角兽企业身上。鉴于此，第七章我们从资本市场的角度观察城市创新，希望提供不同于以往观察城市竞争力的视角。

在第七章中，我们将从资本市场的角度设计以下三个与城市创新力相关的指数。

- 一个城市所拥有的境内外新兴产业上市公司的数量和市值。

- 一个城市所拥有的上海证券交易所科创板上市公司的数量和市值。

- 一个城市所拥有的独角兽企业的数量和估值。

其中，第一个指数是《强城时代：高质量发展的中国城市格局》一书中城市资本活力指数中的一部分。第二个、第三个指数在本书中最新编制。虽然在第一个指数中涵盖了第二个指数的样本公司，但第一个指数更加反映一个城市整体的创新力，第二个指数更加反映一个城市在硬核科技上的创新力。第三个指数则反映了一个城市创新力的后备力量。

根据证监会《关于在上海证券交易所设立科创板并试点注册制的实施意见》，科创板重点支持新一代信息技术、高端装备、新材料、新能源、节能环保以及生物医药等高新技术产业和战略新兴产业。

在第七章中，我们将中国主要城市所拥有的处于以上行业的海内外上市公司定义为新兴产业上市公司，以注册在各地级以上城市辖区范围内（包括所辖区、县、县级市等）的沪、深、京交易所上市公司（包括主板、创业板及合并前的中小板、科创板、北交所）及海外主要交易所上市公司为样本，采用 Compustat、Wind、同花顺、统计年鉴等的分析数据来看资本市场视角下的中国城市创新力。

资本市场视角下的创新之城

中国重要城市新兴产业上市公司的数量和市值

1. 中国重要城市新兴产业上市公司数量排名情况

彩图 14 和表 7-1 分别展示了 2001～2022 年中国重要城市新兴产业上市公司数量排名变化图及 2022 年新兴产业上市公司数量前 50 名城市的排名情况。

表 7-1　2022 年新兴产业上市公司数量前 50 名城市的排名情况

城市	新兴产业上市公司数量（家）	排名
北京	363	1
深圳	303	2
上海	254	3
杭州	131	4
苏州	130	5
广州	91	6
无锡	79	7
成都	72	8
南京	63	9
宁波	57	10
绍兴	46	11
长沙	43	12
武汉	43	12
台州	40	14
合肥	38	15
厦门	36	16
常州	35	17
东莞	35	17
天津	34	19
珠海	31	20

城市	新兴产业上市公司数量（家）	排名
福州	31	20
西安	30	22
南通	29	23
嘉兴	25	24
佛山	25	24
重庆	24	26
青岛	23	27
湖州	20	28
淄博	19	29
济南	19	29
烟台	17	31
郑州	17	31
温州	17	31
汕头	16	34
惠州	16	34
潍坊	16	34
石家庄	16	34
大连	15	38
南昌	15	38
沈阳	15	38
长春	14	41
哈尔滨	13	42
海口	12	43
中山	12	43
镇江	12	43
金华	12	43
芜湖	12	43
昆明	12	43
贵阳	12	43
泰州	12	43

注：表中数据采用截至 2022 年 6 月底的数据。因境外上市数据缺乏完整权威的数据库，手工收集过程中可能存在细微误差。

从中我们可以看到，在四个直辖市中，北京和上海的新兴产业上市公司数量在2002～2022年期间的21年间稳定在前3名，这表明北京和上海两个城市的产业结构较好，创新能力一直比较强。天津的新兴产业上市公司数量排名在此期间维持在第10名到第20名之间，这表明天津上市公司产业升级速度较弱。重庆从2002年的第5名下降到2022年的第26名，这反映了重庆新兴产业上市公司的发展较为缓慢。

在副省级城市中，深圳、杭州、广州、成都、南京、宁波、武汉、厦门、西安、青岛、济南、大连、沈阳、长春、哈尔滨15个城市均入选2022年新兴产业上市公司数量前50名。深圳的新兴产业上市公司数量始终保持着副省级城市第1名的地位，杭州的新兴产业上市公司数量排名则从第10名上升到了第4名。武汉从2002年的第4名下滑到了2022年的第13名。其他副省级城市在21年间相对排名保持稳定。

在地级市中，2022年新兴产业上市公司数量前10名的地级市分别是苏州、无锡、绍兴、长沙、合肥、福州、珠海、南通、淄博和烟台。

从省份分布来看，在2022年新兴产业上市公司数量前10名的地级市中，江苏有3个，山东有2个，浙江、湖南、安徽、福建和广东各有1个。这表明江苏和山东的一些城市新兴产业上市公司数量多，城市的创新能力强。苏州在新兴产业上市公司数量上排名提升最快，2022年排在第5名，沈阳的新兴产业上市公司数量排名下降幅度最大。

2. 中国重要城市新兴产业上市公司市值的总体情况

彩图 15 和表 7-2 分别展示了 2001～2022 年中国重要城市新兴产业上市公司市值排名变化图和 2022 年中国重要城市新兴产业上市公司市值前 50 名城市的排名情况。在彩图 14 中，新兴产业上市公司数量的排名为北京、深圳、上海、杭州、苏州、广州、无锡。与彩图 14 不同，在彩图 15 中新兴产业上市公司市值排名的顺序变为深圳、北京、上海、杭州、无锡、宁德、苏州。

表 7-2 　2022 年中国重要城市新兴产业上市公司市值前 50 名城市的排名情况

城市	新兴产业上市公司市值 （百亿元）	排名
深圳	942.00	1
北京	924.00	2
上海	481.00	3
杭州	214.00	4
无锡	172.00	5
宁德	139.00	6
苏州	129.00	7
西安	107.00	8
宁波	94.70	9
广州	93.60	10
成都	87.50	11
天津	83.80	12
南京	83.60	13
长沙	74.90	14
合肥	72.00	15
绍兴	69.70	16
烟台	58.80	17

城市	新兴产业上市公司市值（百亿元）	排名
武汉	53.70	18
嘉兴	52.60	19
连云港	48.60	20
台州	45.80	21
厦门	45.10	22
重庆	44.60	23
昆明	43.20	24
常州	43.20	25
惠州	41.70	26
洛阳	35.30	27
南通	34.50	28
珠海	33.40	29
芜湖	32.70	30
东莞	31.20	31
淄博	27.60	32
福州	27.50	33
漳州	26.90	34
湖州	26.70	35
潍坊	25.40	36
贵阳	22.60	37
荆州	22.40	38
玉溪	22.30	39
威海	22.10	40
温州	21.80	41
青岛	21.80	41
济南	21.60	43
长春	20.90	44
新余	20.30	45
佛山	19.40	46
包头	19.20	47

城市	新兴产业上市公司市值 （百亿元）	排名
唐山	18.30	48
黄石	17.60	49
株洲	17.00	50

注：表中数据采用截至 2022 年 6 月底的数据。因境外上市数据缺乏完整权威的数据库，手工收集过程中可能存在细微误差。

二者的对比变化说明，虽然深圳的新兴产业上市公司数量不及北京，但拥有相对较多的大市值龙头公司，例如腾讯。福建宁德的新能源产业龙头公司宁德时代让宁德在新兴产业上市公司市值上排名靠前。虽然无锡的新兴产业上市公司数量不及苏州，但新兴产业上市公司的市值却超过了苏州，这说明无锡在新兴产业龙头公司上相比苏州具有优势。

中国重要城市科创板上市公司的数量和市值

作为独立于主板市场的新设板块，在科创板上市的主要是高新技术产业和战略性新兴产业的科技创新企业。

据统计，截至 2022 年年底，A 股市场共有 501 家科创板上市公司，总市值超过 4 万亿元。其中，在《强城时代：高质量发展的中国城市格局》一书中，城市资本活力总排名前五的北京、上海、深圳、杭州、无锡共有 221 家科创板上市公司，占科创板总体数量的 44%；市值合计约 2 万亿元，占科创板总体市值的 48%。

由此可以看出，科创板上市公司的分布极不均匀，几乎半数企业都分布在资本最为活跃的五个城市。与此形成对比的是，大多数城市目前还没有科创板的上市公司。

截至 2022 年年底，上海拥有 77 家科创板上市公司，超越北京位居第一，这可能与科创板设立在上交所有关。上海拥有绝佳的地理优势，受到较大的积极影响，从而推动了科创板企业上市。同时，也与其在半导体和信息技术、生物医药、新材料等领域拥有大量的硬核科技企业有关。苏州跃居第三，超越了深圳与杭州。可能的原因：一是苏州与上海较近，容易受科创板的辐射带动；二是苏州在新兴产业上市公司数量排名中位列第五，本身比较重视高新技术及战略新兴产业的发展，并积极推动符合条件的企业到科创板上市。

从公司市值与数量的关系上来看，基本符合城市拥有的科创板企业越多，公司总市值越大的规律，如表 7-3 所示。截至 2022 年年底，拥有科创板公司市值排名前五的城市分别是上海、北京、苏州、深圳、杭州。值得注意的是，合肥和成都各拥有 16 家科创板公司，但市值排名却并不靠前。这说明合肥和成都虽然科创板公司多，但体量都不大。

表 7-3　中国重要城市 2022 年科创板上市公司数量和市值

省份	城市	数量	市值（亿元）	市值排名
上海	上海	77	8 931.94	1
北京	北京	65	6 564.48	2
江苏	苏州	48	3 129.78	3
广东	深圳	40	2 796.73	4
浙江	杭州	26	1 873.53	5
江苏	常州	5	1 818.62	6

省份	城市	数量	市值（亿元）	市值排名
陕西	西安	10	1 034.68	7
湖南	长沙	9	858.38	8
天津	天津	8	757.91	9
安徽	合肥	16	753.43	10
四川	成都	16	716.42	11
江苏	无锡	13	697.58	12
江苏	南京	12	692.07	13
湖南	株洲	3	666.81	14
广东	广州	15	661.03	15
山东	青岛	6	568.77	16
山东	济南	6	521.11	17
浙江	湖州	3	505.97	18
辽宁	沈阳	4	501.33	19
江西	赣州	2	487.08	20
湖北	武汉	9	402.03	21
贵州	贵阳	3	399.77	22
广东	珠海	3	346.83	23
广东	东莞	9	341.18	24
福建	厦门	3	319.66	25
山东	烟台	3	312.19	26
江苏	镇江	3	259.64	27
吉林	长春	2	227.79	28
浙江	嘉兴	4	225.21	29
浙江	宁波	4	210.25	30
江苏	连云港	3	209.12	31
广东	惠州	2	179.3	32
广东	梅州	2	178.87	33
江苏	泰州	5	169.28	34
广东	佛山	4	160.71	35
江苏	南通	5	147.1	36
河南	洛阳	2	139.76	37

省份	城市	数量	市值（亿元）	市值排名
辽宁	大连	3	137.71	38
海南	海口	1	130.16	39
福建	福州	3	102.26	40
山东	威海	1	87.54	41
山东	淄博	3	72.48	42
浙江	台州	3	65.28	43
福建	龙岩	2	60.37	44
黑龙江	哈尔滨	2	59.29	45
安徽	芜湖	1	47.32	46
浙江	绍兴	1	44.18	47
江西	南昌	1	40.26	48
江苏	扬州	1	33.13	49

资料来源：Wind 数据库。

Wind 数据库资料显示，从科创板 2019～2022 年的数据来看，在 2019 年，科创板上市公司数量排名前五的城市是上海、北京、深圳、苏州和杭州，在此后的四年间也基本是这五个城市独占鳌头，只是排序略有变化。具体而言，凭借科创板的本土优势，上海一直稳居榜首，北京连续三年位列第二，这两个经济实力强的直辖市在科技创新上不负众望，持续发力。

值得注意的是，苏州从 2019 年与深圳持平有 6 家科创板企业上市，位列第四，到 2020 年翻倍增长为 14 家，位列第三，再到 2021 年赶超北京直逼上海的 18 家，苏州稳中求进，一鸣惊人。更难能可贵的是，苏州是全国"含科率"最高的科创城市。苏州科创板公司数量约占苏州 A 股上市公司的四分之一，占比居全国科创城市之首。苏州之所以能在科创板异军突起，离不开其深厚的制造业基础，也是有为政府与有效市场的生动结合。

"老将"虽好，但也有"新人"在默默努力。2020 年，合肥一举实现从 0 到 7 的突破，强势挤占科创板上市公司数量排名第五。到 2022 年，拥有多达 16 家科创板公司。合肥能有这般表现，实属不易，这与合肥企业乐于和善于拥抱资本市场、政府鼓励引导密不可分。此外，合肥拥有中国科学技术大学等一流的工科大学，为其提供了源源不断的科技人才，可能也是其中重要的因素。⊖然而，大部分城市在硬核科技创新上仍然薄弱，大部分城市至今仍无科创板上市公司。

中国城市独角兽企业的数量和估值

2023 年 4 月李强总理在北京市调研独角兽企业时强调，独角兽企业具有高成长性，一定程度上代表了经济转型升级的方向。独角兽企业是指成立不超过 10 年、尚未上市且估值超过（含）10 亿美元的公司。这些企业通常掌握核心技术或颠覆性的商业模式，是某一个行业细分领域的龙头，具有难以复制的优势和巨大的增长潜力。独角兽企业与城市创新密切相关。

2022 年，中国独角兽企业发展态势良好，继续为经济发展注入强劲动力（见表 7-4）。中国独角兽企业数量达 357

⊖　后文我们还会分析大学与城市创新之间的关系。

家，总数创新高。新晋独角兽企业 98 家，因上市"毕业"的独角兽企业 25 家，超龄"毕业"的独角兽企业 25 家。

表 7-4　中国重要城市 2022 年独角兽企业的数量和估值

省份	城市	数量	总估值（亿美元）	估值排名
北京	北京	76	4 040	1
广东	深圳	36	1 380	2
上海	上海	63	1 362	3
江苏	南京	14	850	4
广东	广州	23	594	5
浙江	杭州	24	469	6
江苏	苏州	16	313	7
湖南	长沙	8	223	8
安徽	合肥	8	215	9
天津	天津	8	155	10
山东	青岛	8	155	11
浙江	宁波	2	155	12
四川	成都	7	132	13
江苏	常州	3	106	14
湖北	武汉	6	105	15
河南	郑州	2	101	16
重庆	重庆	5	87	17
陕西	西安	3	64	18
山东	济南	3	58	19
浙江	嘉兴	4	51	20
广东	东莞	2	46	21
安徽	芜湖	2	42	22
广东	珠海	2	41	23
江苏	无锡	2	32	24
江苏	镇江	2	25	25
江苏	南通	2	24	26
河北	石家庄	2	22	27
浙江	湖州	1	22	28

省份	城市	数量	总估值（亿美元）	估值排名
浙江	台州	1	19	29
福建	厦门	1	16	30

资料来源：整理自长城战略咨询发布的 2017 ～ 2023 年《中国独角兽企业研究报告》。

我国独角兽企业的科创属性较强，前沿科技领域的独角兽企业数量占比超六成，新晋独角兽企业中前沿科技企业占比超八成。2022 年，独角兽企业所发生的融资事件中，人民币融资总额为美元融资总额的 3.1 倍，人民币融资事件数为美元融资事件数的 1.8 倍。在 25 家因上市而"毕业"的独角兽企业中，在港交所和上交所科创板上市的企业有 21 家，这 25 家企业中仅有 3 家选择在纳斯达克上市。

据统计，2016 ～ 2022 年我国独角兽企业总数从 131 家增长至 357 家，年平均增长率达 18.2%，发展势头迅猛。此外，越来越多的城市开始出现独角兽企业。2016 年，有 16 个城市拥有独角兽企业，而在 2022 年拥有独角兽企业的城市多达 30 余座。更多的城市拥有了吸纳风险投资和吸引人才的能力，从而可以开展科学技术和商业模式方面的创新，开辟出新赛道。

2022 年，独角兽企业数量位居前五的城市依次为北京、上海、深圳、杭州和广州。独角兽企业的分布具有明显的集聚效应：北京、上海、深圳三地的独角兽企业数量占全国的一半左右，其估值更是占到全国的 60%。这些城市具有得天独厚的条件和完善的创新生态，在这里诞生的独角兽企业不仅在数量上更多，其竞争力也更强，增长速度也更快。

创新力强的城市通常具有丰厚的人力资源，尤其是受教育程度较高的人才。北京和上海作为我国教育资源最富集的两个城市，所孵化出的独角兽企业无论从数量还是从估值来看，都分别位列全国的第一和第二。深圳吸引了诸多内地与香港的高水平院校建立研究所，创新氛围浓厚，也培育出众多独角兽企业。冒巍巍等（2022）以科创板上市公司为样本，考察企业家（实际控制人）的大学教育质量（学校和学科排名）和内容（学校和学科的理工属性）与公司价值的关系。研究发现，企业家大学教育所在的学校和学科质量对公司价值具有显著正向影响，并且这一效应在理工属性的学校和学科中更强。

创新力强的城市拥有一个规模庞大、潜力深厚的市场。在这个市场中，独角兽企业可以更快地推广自己的产品，也可以更快地获得消费者的反馈。产品迭代的加速让这些企业能够迅速满足消费者的需求。在这些城市里，独角兽企业面临激烈的竞争，但它们也有更大的动机去追求差异化的战略。企业家可以敏锐地捕捉到现有产品的不足，并针对性地推出新的产品。创新力强的城市拥有活跃的、高质量的风险资本。位于这些城市的独角兽企业可以更紧密地与 VC/PE[⊖]

⊖ VC 为投资企业的前期，PE 为投资企业的后期。

投资者互动，从而更容易获得融资。资本的注入让科技创新更快落地，也让这些企业高速发展，成为开辟新领域、新赛道的生力军。

知识产权视角下的创新之城

专利数量历来是一个城市创新能力的重要体现。中国研究数据服务平台数据库的数据显示，在 2008 年之前，中国各个城市拥有的专利总数排名十分稳定，前五名的城市分别为上海、北京、深圳、佛山、广州。上海一直独占鳌头，这与上海十分重视知识产权的发展战略密不可分，上海在科创板上市公司的数量方面也同样遥遥领先。广东省是我国科技创新发展的前沿地和排头兵，在政策扶持和充足资金的双重加持下其一个省就占据了前五名中的三个城市，广东省知识产权市场规模在全国也位居前列。

但到 2008 年，苏州异军突起，一举跃居第四名，深圳也持续发力，超过北京紧接上海，而广州则突然下降到了第十名。2009 年苏州表现十分出色，居然超越了霸榜七年的上海，成为专利授权数量最多的城市，佛山则掉出了前五，落至第九名，广州已离开前十名。苏州的出色表现可能是由于其在 2008 年调整了市级专利行政管理体制，将原来在市科技局挂牌的知识产权局独立设置，列为政府工作部门。与此同时，各县级市、区也都成立了负责专利工作的知识产权局，进一步深化了对专利的重视程度。值得一提的另外一个城市是成都，成都从2002年起一直向前逼近，终于在2009年挤进前五名。

2010年和2011年，前四名基本稳定在上海、苏州、深圳、北京四个城市，内部排序略有变动。对于第五名，成都仅守住了2009年和2010年这两年，2011年就大幅跌至第九名，被宁波所取代。2012年宁波持续发力升至第二名，无锡力压北京、上海跃居第三名。由于江苏省拥有较多的高校，劳动人口中的技术研发人员比例相对较高，因此在主要专利指标上具有较强的优势。从2013年到2015年，专利数量前五的城市保持一致，分别为北京、深圳、苏州、上海、宁波，内部排序稍有变动，但上海表现明显不如前十年，北京逐渐成为拥有专利最多的城市。

自2016年起，宁波落后，广州发力重回第五名，自此以后到2022年，虽然内部排序有所变动，但拥有专利数量前五的城市一直为深圳、北京、广州、上海、苏州，特别是深圳从2018年起专利数量始终保持首位。与江苏不同，深圳的成功源自其企业优势，华为、腾讯、中兴等企业专利授权量连续多年保持全国领先，充分凸显了深圳企业的创新活力及创造能力。

通过上面的介绍我们可以看出，虽然专利授权数量排名前五的地级市在不断变化，但它们所属的省份却基本锁定，都是在北京、上海、广东、江苏和浙江这五个地区。这一点在人均专利数量上也有所印证，2002～2022年人均专利数量排名前列的地级市也大致分布在这五个新兴市值排名最高的省份，甚至在2011年之前广东省每年可以在人均专利数量前五的城市中搏得三个位置。但北京和上海可能由于人口基数大，在人均专利数量上的表现并不出色。此外，专利数量的分布也并不平均，排名前五的城市专利总数可以占到整体（50个城市）的35%左右。总的来说，地区经济发展水平越高，对城市创新能力越看重，从而研发投入越多，越能促进专利授权量的增长。

图7-1至图7-6展示了中国重要城市2022年新增专利数与资本市场视角的城市创新指数之间的散点图关系。从中可见，无论是新兴产业上市公司的数量和市值、科创板公司的数量和市值，还是独角兽企业的数量和估值，均与城市2022年新增专利数呈现显著的正相关关系，同时提供了与2022年新增专利数不完全一样的增量信息。这支持了第七章中采用资本市场视角度量城市创新力的六个指标的有效性和增量价值。

在图7-1中，北京、上海在趋势线上方，表明北京、上海的新兴产业上市公司的数量超过了其专利数对应的潜在新兴产业上市公司的数量。

在图7-2中，北京、深圳、上海在趋势线上方，表明北京、深圳、上海的新兴产业上市公司的市值超过了其专利数对应的潜在新兴产业上市公司的市值。

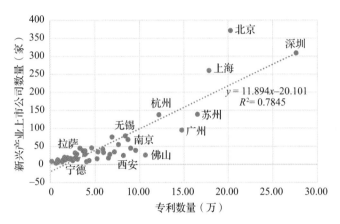

图 7-1　2022 年专利总数和新兴产业上市公司的数量

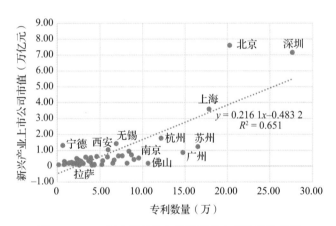

图 7-2　2022 年专利总数和新兴产业上市公司的市值

在图 7-3 中，上海、北京、苏州在趋势线上方，表明这三个城市的科创板公司数量超过了其专利数对应的潜在科创板公司的数量。

图 7-4 中，上海、北京在趋势线上方，深圳在趋势线下方，表明上海、北京的科创板公司市值超过了其专利数对应

的潜在科创板公司市值，深圳的科创板公司市值小于其专利数对应的潜在科创板公司市值。

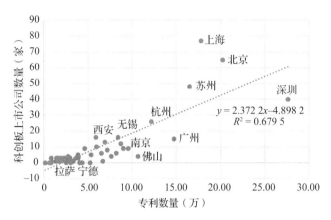

图 7-3　2022 年专利总数和科创板上市公司的数量

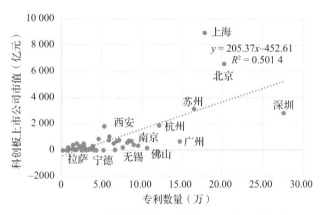

图 7-4　2022 年专利总数和科创板上市公司的市值

在图 7-5、图 7-6 中，北京、上海在趋势线上方，深圳、苏州在趋势线下方，表明北京、上海的独角兽企业数量、总估值超过了其专利数对应的潜在独角兽企业数量、总估值，而深圳、苏州的独角兽企业数量、总估值小于其专利数对应的潜在独角兽企业数量、总估值。

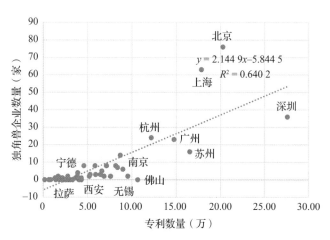

图 7-5 2022 年专利总数和独角兽企业数量

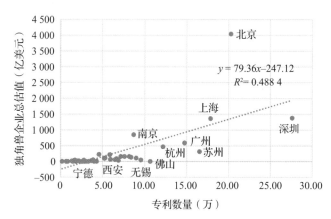

图 7-6 2022 年专利总数和独角兽企业总估值

综上可知，北京、上海在单位专利"产出"新兴产业上市公司、科创板公司及独角兽企业的数量和市值（总估值）

上具有显著的优势。此外，深圳在单位专利"产出"新兴产业上市公司市值上具有优势，苏州在单位专利"产出"科创板公司数量上具有优势。

城市创新力之源

接下来，我们从地方国有控股公司的发展程度、营商环境、交通地理及大学强度等角度探讨城市创新力之源。需要说明的是，虽然有些研究未能进行严格的因果关系检验，但描述性散点图依然能对理解城市创新力的来源具有一定的启发。

1. 地方国有控股公司的发展程度

在研究中，我们用一个城市截至 2022 年年底地方国有控股上市公司股票市值占当地所有上市公司市值的比重，来反映地方国有控股公司的发展对城市创新指数的影响。

我们主要从城市新兴产业上市公司的数量和市值、科创板上市公司的数量和市值、独角兽企业的数量和总估值 6 个方面来展示地方国有控股公司的发展程度与城市创新指数之间的关系（见图 7-7 至图 7-12）。

在图 7-7 与图 7-8 中，北京、深圳、上海的国有控股公司的发展程度依次提高，而拥有的新兴产业上市公司数量和市值依次递减。其他城市中，城市经济与新兴产业上市公司数量和市值之间也呈现显著的负相关关系。

在图 7-9 和图 7-10 中，上海似乎有些例外，既拥有较多的国有控股上市公司，又拥有领先的科创板上市公司。这可能与科创板设立在上海证券交易所的地利有关。而在上海以外的其他城市中，呈现出地方国有控股公司的发展程度与城市创新力的负相关关系。

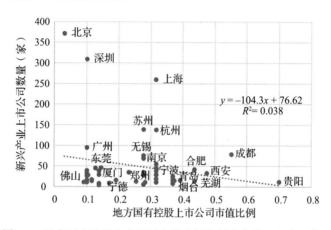

图 7-7　地方国有控股上市公司市值比例和新兴产业上市公司数量

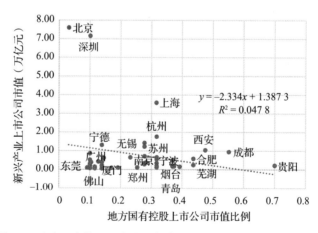

图 7-8　地方国有控股上市公司市值比例和新兴产业上市公司市值

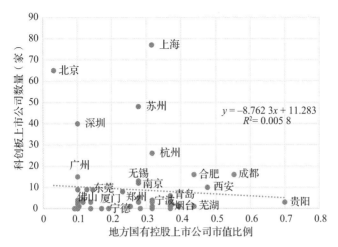

图 7-9　地方国有控股上市公司市值比例和科创板上市公司数量

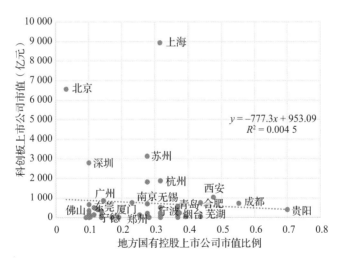

图 7-10　地方国有控股上市公司市值比例和科创板上市公司市值

　　尽管上述的负相关关系并非严格的因果检验，其分析结果也不一定就能表明地方国有控股上市公司的发展降低了城市的创新力，但这种规律性的现象值得大家思考。

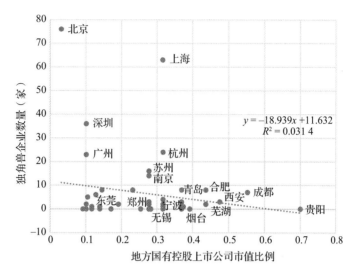

图 7-11　地方国有控股上市公司市值比例和独角兽企业数量

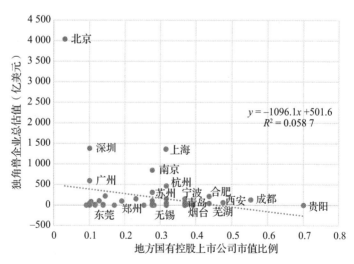

图 7-12　地方国有控股上市公司市值比例和独角兽企业总估值

　　　　　　　　　　　　创新之城：谁在引领强城时代

理论上，一个城市国有控股上市公司的发展，可能会带来一些不公平竞争的问题，或是产权保护上的问题，这些可能会引起对其他企业创新创业的激励不足。

在樊纲等人编制的《中国分省份市场化指数报告》中，各省份国有经济比重本身就是市场化程度的反向指标，代表着当地营商环境等重要内容。

因此，面向未来，一些国有控股上市公司发展程度高、科技创新力弱的城市，需要思考如何进一步优化这方面的营商环境。一些科技创新力相对较强的城市，同样需要思考，在优化城市经济国有化程度这一方面，是否可以进一步进行产权改革，以释放城市创新力的更大空间和潜力，进而提升其城市创新的国际竞争力。

2. 政商关系的健康程度

政商关系是一个内涵丰富的概念，也是各城市在创新赛道上的核心竞争力。良好的政商关系能够激励和推动企业的创新和发展。近年来，国家提倡构建亲清政商关系，但总体上，各地区的政商关系在"亲近"和"清白"两方面还有一定的提升空间，地区间的差别还比较大。此外，"亲近"和"清白"如何鱼和熊掌兼得，也是一个难于平衡的问题。

接下来，我们采用《中国城市政商关系评价报告》（聂辉华等，2022）来考察城市政商关系与城市科技创新力之间的关系。该报告从政府对企业的关心、政府对企业的服务、企业的税费负担三个角度来度量城市政商关系。

　　该报告显示，2022 年，在全国各城市中，深圳的政商关系健康指数排名第一。前 20 名的其他城市分别为：广州、上海、北京、东莞、武汉、青岛、无锡、济南、杭州、成都、珠海、天津、贵阳、中山、金华、厦门、威海、烟台和西安。除了直辖市北京外，前 10 名的城市几乎都处于东南和南部沿海地区。从各大区域来看，华东地区表现最优，其次为华南地区，但是两地差别不大，都明显高于其他地区。政商关系分布呈现胡焕庸线的特点。

　　图 7-13 至图 7-18 分别展示了城市政商关系健康程度指数与资本市场视角度量的城市创新力之间的关系。通过研究我们发现，城市政商关系健康程度指数与城市新兴产业上市公司的数量和市值、科创板上市公司的数量和市值，以及独角兽企业的数量和总估值均呈现出显著的正向关系。

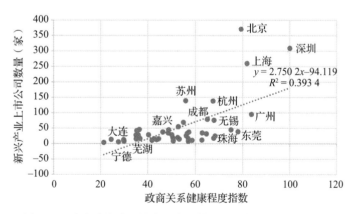

图 7-13　城市政商关系健康程度指数和新兴产业上市公司数量

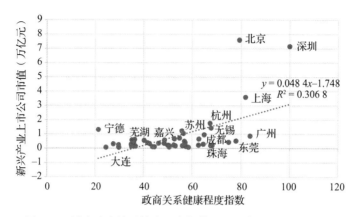

图 7-14　城市政商关系健康程度指数和新兴产业上市公司市值

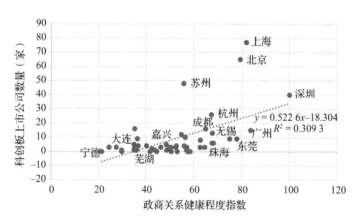

图 7-15　城市政商关系健康程度指数和科创板上市公司数量

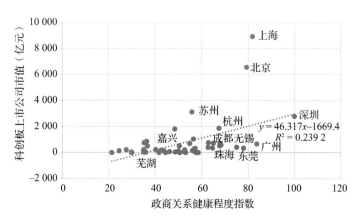

图 7-16　城市政商关系健康程度指数和科创板上市公司市值

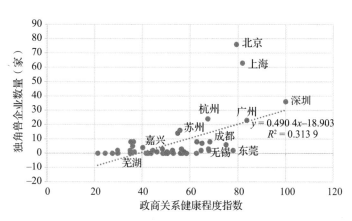

图 7-17　城市政商关系健康程度指数和独角兽企业数量

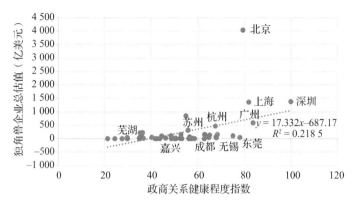

图 7-18　城市政商关系健康程度指数与独角兽企业总估值

　　这说明良好的城市政商关系对城市创新力具有一定的促进作用。同时，在城市政商关系最健康的城市，例如深圳、北京、上海，政商关系健康程度对城市创新力的积极作用更大。

3. 交通便捷程度

　　自 20 世纪以来，交通网络和信息技术的迅速发展让企业可以在更广阔的地理范围内布局生产经营活动和配置要素资源。知识、人才与资本的跨区域流通把很多城市纳入了更大的产业链，城际交流日益紧密，形成了城市网络，并且带来了活跃的信息流动。高鑫、修春亮和魏冶（2012）认为，经济社会文化领域中的支配性活动均在这一"流空间"中运行。

　　随着城市化进程的不断深入，区位条件对企业发展与城市创新的影响更加突出。企业与利益相关方的距离是影响企业透明度和信息传递效率的重要因素。企业距离投资者越近，其信息透明度就越高，投资者就会有更大的动机参与股票交易，其可能获得的收益也越高（Coval and Moskowitz，1999）。企业距离分析师越近，分析师就越能够通过本地的"私人信息"，提高预测的频率与准确率（王菊仙等，2016）。而距离活跃资本市场较远的企业则会遭遇更大的信息与资源非对称性（Kedia and Rajagopal，2009）。这不仅会遏制风险资本对初创科技企业的投资，而且也会增加企业IPO成本，加剧企业IPO时的折价现象（刘江会和朱敏，2015）。可见，城市的区位条件对企业创新具有深远的影响。

如何度量城市的区位条件是一个有趣的问题。如果两地之间人员、信息往来频繁，经济关联程度高，那么即使相隔较远，也不会对信息的流通与企业的透明度产生明显的影响。如果两地之间往来不便，那么即使距离很近，也会产生严重的信息不对称问题。单纯从相对地理位置的角度出发考察城市的区位条件不能反映城市网络的全貌。因此，我们选择考察城市之间的铁路交通时间。对于科创企业而言，人才与信息的流通是至关重要的，铁路交通可以直观地反映这种流通的便捷程度。

我们从中国铁路12306网站中分别获取从各城市出发到达北京、上海、深圳三地的最快班次所需要的时间，并进行加总，得到各城市联通这三个最发达城市的铁路交通总用时。之所以选择北京、上海、深圳这三个城市，一方面，因为证券交易所坐落在北京、上海、深圳三地；另一方面，这三个城市风险资本的活跃程度也位居全国前列。这有助于真实而准确地反映各城市的区位条件及其对城市创新的影响。

数据表明，上海、杭州、武汉位列交通便捷程度的前三名，长江中下游和东南沿海城市区位优势明显，西北、西南地区交通较为不便。因此，一个城市可以通过开通更多、更快的交通线路，把自己置于城市网络之中，克服因地理距离而产生的信息传递效率问题，从而推动企业在资本市场的发展与企业创新。

图 7-19 至图 7-24 展示了中国主要城市到达北京、上海、深圳三地的最快班次铁路总用时与城市创新力之间的关系。总用时越多，表明交通便捷程度越低。

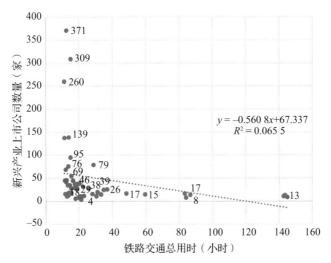

图 7-19　交通地理便捷程度与新兴产业上市公司数量

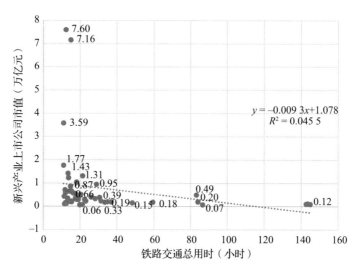

图 7-20　交通地理便捷程度与新兴产业上市公司市值

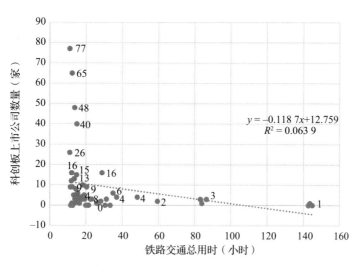

图 7-21　交通地理便捷程度与科创板上市公司数量

　　　　　　　　　　　　创新之城：谁在引领强城时代

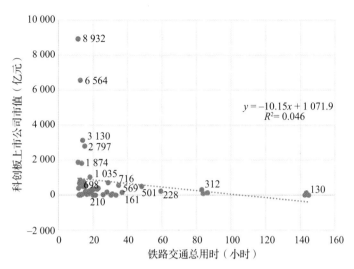

图 7-22　交通地理便捷程度与科创板上市公司市值

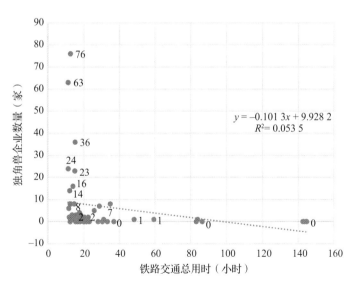

图 7-23　交通地理便捷程度与独角兽企业数量

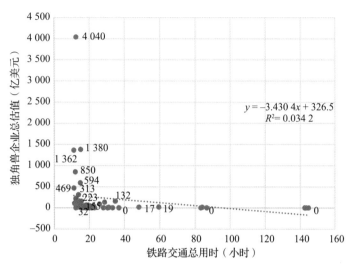

图 7-24　交通地理便捷程度与独角兽企业总估值

通过研究我们发现，各城市至北京、上海、深圳的最快班次铁路总用时与城市新兴产业上市公司的数量和市值、科创板上市公司的数量和市值、独角兽企业的数量和总估值均呈现出显著的负相关关系。

一个城市距离北京、上海、深圳的交通地理便捷程度对城市创新力具有显著的促进作用。换言之，除了营商环境，交通地理便捷程度可能也是影响城市创新力的重要因素。另外研究还发现，北京、上海、深圳具有相比其对应的交通地理便捷程度更强的城市创新力。

4. 大学数量和质量强度

根据 2023 年软科大学排名总榜，剔除排名 200 位以后的高校，我们计算出一个城市的大学强度指数。具体而言，指数的计算方式为：大学强度指数=（200–某大学软科排名），通过把各城市拥有的大学强度进行加总，得到最终的各城市大学强度指数值。例如，清华大学排名第一位，那么清华大学的强度指数为200–1=199。这样，一个城市拥有的高水平大学越多，这个城市的大学强度指数值越高。

从大学数量排名上来看，前五名的城市分别是北京、上海、南京、西安和武汉。其中，北京、上海仍保持了一贯的高水平，尤其是北京，以48所高校的成绩高居榜首，是仅有的一座大学数量突破30所的城市。

值得注意的是，南京、西安和武汉在大学数量排名上表现优异。南京的高校优势也极大地助力了其乃至整个江苏的专利创新。对于西安，其高校数量不仅多，质量还很高，仅211大学就有7所，而西北其他省份加起来也只有6所211大学。西安高校又多又强，主要是因为高校内迁：首先是在抗战期间，多个高校迁至西安；其次是中华人民共和国成立后，东部高校再次内迁，著名的西安交通大学就是当时由上海迁至西安的；最后是受国内外形势的影响，1969年13所北京高校外迁。除了外界"输血"，现在西安也组建了不少大学，共同造就了西安高校众多的局面。

武汉的大学数量名列第五，如此成绩主要是源于张之洞等人打下的基础，现在的武汉大学、华中师范大学、武汉科技大学、华中农业大学都是张之洞的杰作。

从表7-5中大学强度指数排名上来看，前五名的城市分别是北京、上海、南京、武汉、广州，这与这些城市拥有的大学数量排名基本相同。大学强度指数高的城市不仅拥有的大学数量多，而且其质量也很高，尤其是北京，它遥遥领先于其他各个城市，是毫无疑问的高校强市。而像深圳这样后发展起来的科技新城，在高等教育上仍有所欠缺。无论是历史上还是现实中，高水平的大学大多位于国家或区域的中心城市。通常来讲，重要的国家或区域中心城市一般也会拥有至少一所高水平的大学。

表 7-5　中国主要城市大学强度指数表

省份	城市	大学强度指数
北京	北京	3 997
上海	上海	1 806
江苏	南京	1 738
湖北	武汉	1 229
广东	广州	1 006
陕西	西安	1 006
四川	成都	685
湖南	长沙	593
天津	天津	566
浙江	杭州	559
广东	深圳	419
重庆	重庆	396
安徽	合肥	390
辽宁	大连	367
山东	青岛	361
辽宁	沈阳	339
吉林	长春	327
福建	福州	278
河南	郑州	259
山东	济南	247

省份	城市	大学强度指数
江西	南昌	228
江苏	徐州	181
福建	厦门	175
甘肃	兰州	158
江苏	苏州	157
浙江	宁波	155
云南	昆明	152
山西	太原	139
江苏	镇江	138
江苏	无锡	131
黑龙江	哈尔滨	122
陕西	咸阳	112
江苏	扬州	104
浙江	温州	91
湖南	湘潭	91
河北	秦皇岛	88
广西	南宁	86
浙江	金华	80
贵州	贵阳	65
内蒙古	呼和浩特	61
河北	石家庄	57
海南	海口	54
河北	保定	38
安徽	芜湖	36
福建	泉州	34
广东	汕头	33
新疆	乌鲁木齐	31
新疆	石河子	29
山东	泰安	17
宁夏	银川	13

注：表中数据根据 2023 年软科大学排名计算而来。

图 7-25 至图 7-30 展示了部分重点城市层面软科大学强度指数与城市创新力之间的关系。通过调研我们发现，城市层面软科大学强度指数与城市新兴产业上市公司的数量和市值、科创板上市公司的数量和市值，以及独角兽企业的数量和总估值均呈现出显著的正相关关系。

深圳展现出远远超越其大学强度指数所对应的新兴产业上市公司的数量和市值、独角兽企业的数量和总估值，上海展现出远远超越其大学强度指数所对应的科创板上市公司的数量和市值。除了深圳、上海，其他城市的大学强度指数则与城市创新力呈现出高度的正相关关系。由此可见，大学强度可能也是一个城市创新力的重要来源。

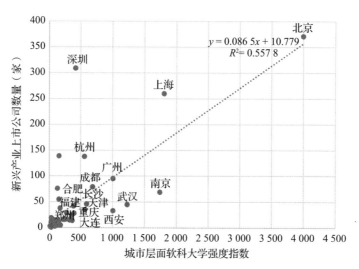

图 7-25　城市层面软科大学强度指数与新兴产业上市公司数量

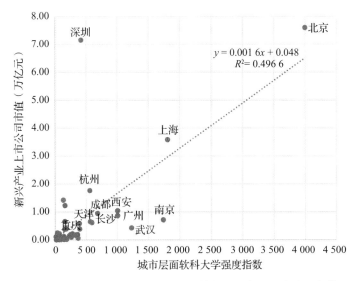

图 7-26　城市层面软科大学强度指数与新兴产业上市公司市值

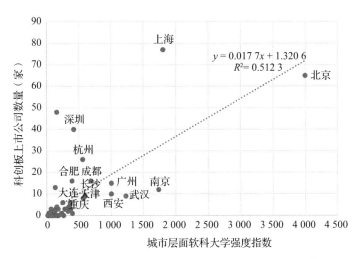

图 7-27　城市层面软科大学强度指数与科创板上市公司数量

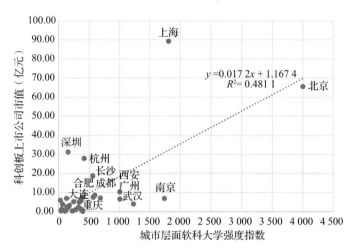

图 7-28　城市层面软科大学强度指数与科创板上市公司市值

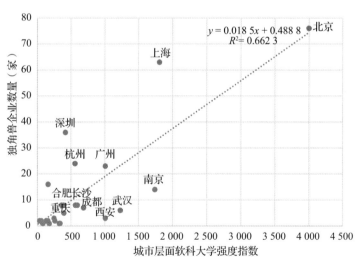

图 7-29　城市层面软科大学强度指数与独角兽企业数量

　　　　　　　　创新之城：谁在引领强城时代

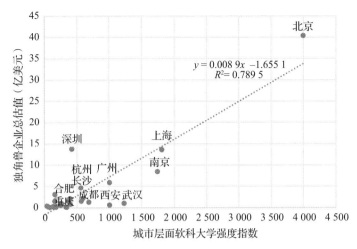

图 7-30　城市层面软科大学强度指数与独角兽企业总估值

　　需要指出的是，深圳虽然大学强度指数比较弱，但深圳近年来高度重视高水平大学的引进和建设，以及对高层次人才的吸引力，这也为深圳未来的持续创新提供了后续的动力。

◎ 创新专栏 7-1

科创生态系统：
"大零号湾"、上海交大系企业与资本市场共生

　　"大零号湾"是国内知名的科技创新孵化基地之一，其位于上海市闵行区，由上海交通大学、上海地产集团和上海闵行区政府共同投资设立。该基地的建设旨在加强上海交通大学和产业界的联系，增强校、地、企合作，为科技创新提供更好的支持。"大零号湾"里的上海交大系上市公司（主要

指上海交通大学参股、控股或校友创办的企业），通过资本市场完成了上市融资交易，这不仅为上海交通大学带来了较高的品牌收益，也推动了相关产业的高质量发展。

"大零号湾"是一个围绕科技创新而展开的科创生态系统，包括各类创新资源、资本和市场等。"大零号湾"为创新企业提供孵化、加速和投资服务，吸引众多创新企业汇聚于此，其打造的科创生态系统主要表现在以下几个方面。

第一，"大零号湾"作为创新创业的孵化器和科技成果转化的平台，为上海交大系上市公司提供了宝贵的资源和支持。"大零号湾"通过提供办公空间、导师指导、资金支持等多种方式，培育和扶持创新型企业，促进高校科研成果的转化和商业化。在这一过程中，资本市场发挥着重要的作用。资本市场为上海交大系上市公司提供融资渠道和投资机会，推动其成长壮大。

第二，上海交大系上市公司作为"大零号湾"孵化的企业，在资本市场上得到更广泛的关注和支持。通过上市，公司可以获得更多的资金，加速其发展和技术创新，从而提高公司的竞争力和市场影响力。资本市场为上海交大系上市公司提供了一个公开透明、规范有序的运作平台，使投资者可以根据公司的业绩和前景进行投资决策，同时也为这些公司提供更多的机会与合作伙伴、客户进行交流和合作。

第三，资本市场是"大零号湾"和上海交大系上市公司在科创生态系统上的枢纽。它通过引入资金和资源，促进创新要素的流动和共享，推动科技创新和产业发展的互动。另外，科创生态系统通过将企业、高校、研究院、创投机构等各类创新主体相互连接，形成一个协同创新系统。政府在协同创新系统中也起到了重要的引导和支持作用，例如，政府可以通过政策扶持和产业规划，为企业和创新主体提供更好的发展环境。

同时，我们应该看到，科创生态系统的建立和发展，涉及政商关系、大学和地理位置等多个层面的关系。

首先，政府在科创生态系统中扮演着重要的角色。政府对于科技创新和产业发展的重视程度决定了整个系统的发展方向和节奏，政府可以通过产业规划和政策扶持等方式，引导企业和创新主体朝着有利于经济和社会发展的方向发展。例如，政府可以推动高校与企业合作，为科技成果转化提供更好的机会和环境，同时鼓励投资者和企业参与支持创新项目，政府还可以通过建设科技园区和产业集群，为企业提供更加完善的孵化和发展环境。

其次，大学在科创生态系统中也具有重要的作用。作为科研和人才培养的中心，大学在高水平科研和优秀人才方面具有天然优势。大学可以通过提供科技成果转化的支持和资源，培育出优秀的创新型企业，并为企业提供导师指导、技术支持、人才引进等支持。大学还可以与企业合作，共同开展研究和开发工作，促进科技成果的应用和推广。

再次，地理位置对于科创生态系统的形成和发展也具有重要的意义。地理环境、交通资源和产业承接能力是企业选择创新基地和投资方向的重要因素之一。在科创生态系统中，地理位置既为企业和创新主体提供了经济和交通的便利，也加速了创新主体之间的交流和合作，促进了科技创新和产业发展。

综合来看，政商关系、大学和地理位置等多个层面的关系在科创生态系统中相互发挥作用。政府通过政策引导和支持，为科创生态系统的发展提供框架和基础。大学通过科研成果转化和人才培养，为企业提供创新动力和核心竞争力。地理环境和交通资源则为企业提供创新发展所需的物质基础和经济基础。这些因素相互交织和助力，为企业的创新发展带来更加美好的未来。

接下来，我们以创新生态关系图来进一步阐述政府、大学和企业三者之间的关系（见图7-31）。

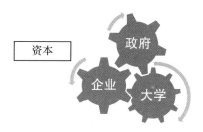

图 7-31　创新生态关系图

政府在科创生态系统中扮演着引导和支持的角色，它通过政策扶持和产业规划来推动整个系统的发展。大学作为创新主体，它以科研成果转化和人才培养为基础，与政府和企业相连接。企业是科创生态系统中的创新实践者和经济主体，其与政府和大学形成紧密的联系。资本市场贯穿于整个科创生态系统之中，它通过提供融资渠道和投资机会，为创新型企业提供发展资金，并加速企业的成长和创新。同时资本市场的公开透明和规范有序运作方式也为投资者提供准确的投资决策依据，这些对于上海交大系上市公司和其他创新性公司来说都是至关重要的。

在发展科技企业方面，上海交通大学做了一些前瞻布局，面向国家重大战略，利用其学科的综合优势，持续推进"大海洋""大健康"等行动。另外，上海交通大学争做科技成果转化的"小岗村"，以体制机制的优化和人才培养改革作为切入点，多措并举，致力于消除制约科技成果转化的"细绳子"，同时安泰经济与管理学院下属科技金融学院在全国率先开设技术转移硕士项目。

2022年24家上海交大系企业获得新一轮融资或市场估值超过10亿美元，成为新晋独角兽企业（见表7-6）。此外，25家企业在2022年融资超亿元，晋升为准独角兽企业，这些企业大部分是硬科技企业。

表7-6 2022年上海交大系的独角兽企业名单

上海傅利叶智能科技有限公司
黑芝麻智能科技有限公司
上海依图网络科技有限公司
景昱医疗科技（苏州）股份有限公司
魔珐（上海）信息科技有限公司
北京来也网络科技有限公司
上海美克生能源科技有限公司
上海非夕机器人科技有限公司

上海贝海网络科技有限公司
Thatgamecompany
北京术锐机器人股份有限公司
芯启源电子科技有限公司
酷哇科技有限公司
节卡机器人股份有限公司
沐曦集成电路（上海）有限公司
景略半导体（上海）有限公司
上海拓璞数控科技股份有限公司
云鲸智能创新（深圳）有限公司
福瑞泰克智能系统有限公司
上海氢晨新能源科技有限公司
上海唐锋能源科技有限公司
上海治臻新能源股份有限公司
上海乐纯生物技术股份有限公司
上海沈德无创时代医疗科技有限公司

　　根据公众号"交大新上院"的不完全统计，柏楚电子、方邦股份、芯原股份、普冉股份、海优新材等16家交大系企业⊖相继进入科创板（见表7-7）。若是将上海交通大学看成一个省，在省级排名中，上海交通大学科创板上市公司的排名是第7位，与四川省相当。

表 7-7　科创板的上海交大系企业⊖

序号	代码	市值（亿元）	证券名称	交大背景
1	688020	42.35	方邦股份	董事长兼总经理苏陟，上海交通大学电气工程专业硕士学历

⊖　在研究中，我们将董事长、总经理或联合创始人毕业于上海交通大学的企业称为"交大系企业"。

⊖　数据统计口径为企业创始、上市阶段，时间截止为2022年底，部分校友目前职位可能有所变动。

序号	代码	市值（亿元）	证券名称	交大背景
2	688113	28.49	联测科技	总经理米建华，2008 年毕业于上海交通大学金融学专业，博士学历
3	688139	118.44	海尔生物	总经理刘占杰，上海交通大学安泰经济与管理学院 EMBA
4	688163	21.89	赛伦生物	总经理范铁炯，上海交通大学安泰经济与管理学院 DBA
5	688188	350.37	柏楚电子	董事长兼总经理唐晔，上海交通大学电子信息与电气工程学院 2007 届硕士
6	688217	20.87	睿昂基因	董事长兼总经理熊慧，上海交通大学医学院内科学硕士
7	688218	22.95	江苏北人	董事长兼总经理朱振友，上海交通大学材料加工工程博士
8	688261	82.44	东微半导	董事兼副总经理卢万松，上海交通大学安泰经济与管理学院硕士
9	688299	42.74	长阳科技	董事长金亚东，上海交通大学安泰经济与管理学院 EMBA
10	688327	141.75	云从科技	董事长兼总经理周曦，上海交通大学博士生导师
11	688330	43.85	宏力达	董事长章辉，上海交通大学工商管理硕士
12	688521	288.88	芯原股份	董事长兼总裁戴伟民，上海交通大学物理与天文学院校友
13	688609	49.60	九联科技	董事长兼总经理詹启军，上海交通大学本科
14	688660	66.67	电气风电	董事长缪骏，上海交通大学流体机械及工程专业硕士
15	688680	61.33	海优新材	副董事长兼总经理李民，上海交通大学化学工程专业毕业
16	688766	80.73	普冉股份	董事长兼总经理王楠，上海交通大学应用物理系毕业

资料来源：作者根据"交大新上院"公众号内容整理编写。

第七章我们从资本市场角度系统地考察了中国重要城市的创新力，并为度量和观察一个城市的创新力提供了一个新的重要角度。在现代经济增长模式下，科技创新的主体是企业，而企业创新的动力来自现代资本市场。因此，从资本市场角度度量和考察城市创新，具有重要的意义。

第七章所反映的城市新兴产业上市公司的数量和市值、科创板上市公司的数量和市值，以及独角兽企业的数量和总估值，较为全面地从资本市场的角度反映了一个城市的创新力。

总体来看，北京、上海、深圳是中国城市创新的领头羊，它们的创新各有千秋、难分伯仲。北京在新兴产业上市公司的数量、独角兽企业的数量和总估值方面高居第一，上海在科创板上市公司的数量和市值方面高居第一，深圳在新兴产业上市公司的市值方面高居第一。苏州、杭州、广州、无锡、南京、宁德等在城市创新力上也有相对优异的表现，它们是中国城市创新力的后备主力军。

另外，我们还从营商环境、大学强度和交通地理三个方面考察了城市创新力的来源。研究结果显示，良好的营商环境、交通地理便捷程度以及大学强度是促进城市创新力的积极因素。

对于一个城市而言，改善政商关系，提升距离北京、上海、深圳乃至国际其他城市的交通便捷度，建设高水平大学，并以此为基础构建卓越的城市创新生态环境，是未来城市创新力和可持续发展的重要抓手。

本章参考资料

[1] 樊纲，王小鲁，张立文，等.中国各地区市场化相对进程报告[J].经济研究，2003（3）：9-18.

[2] 傅高义.邓小平时代[M].冯克利，译.上海：生活·读书·新知三联书店，2013.

[3] 高鑫，修春亮，魏冶.城市地理学的"流空间"视角及其中国化研究[J].人文地理，2012，27（04）：32-36.

[4] 刘江会，朱敏.地理因素会影响中国企业IPO的成本吗？——基于"软信息不对称"的视角[J].经济管理，2015，37（10）：31-41.

[5] 陆铭，陈宪，等.强城时代：高质量发展的中国城市格局[M].北京：中信出版集团，2023.

[6] 冒巍巍，俞俊利，邢博，等.大学质量、理工背景与科创板公司价值[J].会计与经济研究，2022，36（5）：3-18.

[7] 聂辉华，韩冬临，马亮，等.中国城市政商关系评价报告2022[C].中国人民大学国家发展与战略研究院报告，2023.

[8] 王菊仙，王玉涛，鲁桂华.地理距离影响证券分析师预测行为吗？[J].中央财经大学学报，2016，（1）：61-72.

[9] BECK T, LEVINE R, LOAYZA N. Finance and the sources of growth[J]. Journal of Financial Economics. 2000, 58 (1-2): 261-300.

[10] BROWN J R, MARTINSSON G, PETERSEN B C. Law,

stock markets and innovation[J]. The Journal of Finance. 2013, 68(4): 1517-1549.

[11] COVAL J D, MOSKOWITZ T J . Home bias at home: local equity preference in domestic portfolios[J]. The Journal of Finance. 1999, 54(6): 2045-2073.

[12] HSU P H, TIAN X, XU Y. Financial development and innovation: cross-country evidence[J]. Journal of Financial Economics. 2014, 112 (1): 116-135.

[13] KEDIA S, RAJGOPAL S. Neighborhood matters: the impact of location on broad based stock option plans[J]. Journal of Financial Economics.2009, 92 (1): 109-127.

[14] LEVINE R, ZERVOS S. Stock markets, banks and economic growth[J]. American Economic Review. 1998, 88: 537-558.

[15] LEVINE R. Financial development and economic growth: views and agenda[J]. Journal of Economic Literature. 1997, 35 (2): 688-726.

第 7 章受到国家社科基金重点项目"以资本市场为枢纽构建亲清政商关系研究"(项目编号:22AZD034)的支持。

创新之城:谁在引领强城时代

飞行家系列

一人，一书，一段旅程，插上文字的翅膀，穿越大海与岁月

繁荣的背后：解读现代世界的经济大增长
ISBN：978-7-111-66966-1
探寻大国崛起背后的逻辑，揭示现代世界格局的四大支柱

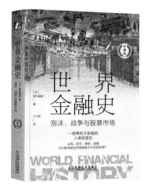

世界金融史：泡沫、战争与股票市场（珍藏版）
ISBN：978-7-111-71161-2
从美索不达米亚平原的粘土板上的借贷记录到雷曼事件，一部关于金钱的人类欲望史；一部"门外汉"都能读懂的世界金融史。

左手咖啡 右手世界：一部咖啡的商业史
ISBN：978-7-111-66971-5
一颗咖啡豆穿越时空的故事，翻译成15种语言，享誉世界的咖啡名著，咖啡是生活、是品位、是文化、更是历史，本书将告诉你有关咖啡的一切。

宽客人生：从物理学家到数量金融大师的传奇（珍藏版）
ISBN：978-7-111-69824-1
一位科学家的金融世界之旅，当你研究物理学的时候，你的对手是宇宙；而在研究金融学时，你的对手是人类。

马特·里德利系列丛书

创新的起源：一部科学技术进步史
ISBN：978-7-111-68436-7

揭开科技创新的重重面纱，开拓自主创新时代的科技史读本

基因组：生命之书23章
ISBN：978-7-111-67420-7

基因组解锁生命科学的全新世界，一篇关于人类与生命的故事，
华大CEO尹烨翻译，钟南山院士等8名院士推荐

先天后天：基因、经验及什么使我们成为人（珍藏版）
ISBN：978-7-111-68370-9

人类天赋因何而生，后天教育能改变人生与人性，解读基因、环
境与人类行为的故事

美德的起源：人类本能与协作的进化（珍藏版）
ISBN：978-7-111-67996-0

自私的基因如何演化出利他的社会性，一部从动物性到社会性的
复杂演化史，道金斯认可的《自私的基因》续作

理性乐观派：一部人类经济进步史（典藏版）
ISBN：978-7-111-69446-5

全球思想家正在阅读，为什么一切都会变好？

自下而上（珍藏版）
ISBN：978-7-111-69595-0

自然界没有顶层设计，一切源于野蛮生长，道德、政府、科技、
经济也在遵循同样的演讲逻辑